Der Heliand Und Die Angels#chsische Genesis...

Eduard Sievers

HERRN PROFESSOR

FRIEDRICH ZARNCKE

ZUM 7. JULI 1875.

1*

DER HELIAND

UND

DIE ANGELSÄCHSISCHE GENESIS

VON

EDUARD SIEVERS.

HALLE A/S.,
LIPPERT'SCHE BUCHHANDLUNG
(MAX NIEMEYER)
1875.

Die Praefatio in librum antiquum lingua saxonica conscriptum und mit ihr übereinstimmend die Versus de poeta schreiben bekanntlich dem verfasser des Heliand auch die bearbeitung eines alttestamentlichen teiles zu. Die neuere kritik hat gegenüber diesen angaben im wesentlichen einen zweifachen standpunkt eingenommen. Während Windisch die unwahrscheinlichkeit der existenz eines derartigen werkes darzutun sucht und die angaben der genannten quellen als aus einer flüchtigen lectüre des einganges unseres Heliand hervorgegangen betrachtet, halten Scherer und Wackernagel die autorität der Praefatio und der Versus auch in dieser beziehung mit entschiedenheit aufrecht.[1] Die beiden letztgenannten haben ausserdem unabhängig von einander und im einzelnen von einander abweichend diesen fraglichen alttestamentlichen teil mit dem eingang des Wessobrunner gebets in zusammenhang gebracht. Mir wollen die für diese annahme vorgebrachten gründe nicht stichhaltig erscheinen. Der abstand zwischen dem Heliand und dem Wessobrunner gebet ist zu augenfällig für jeden, der sich in sprache und ausdrucksweise des ersteren eingelesen hat; auch scheinen mir die chronologischen schwierigkeiten nicht hinreichend erwogen zu sein. Ueber die geltung einer einfachen mutmassung hinaus werden sich jedenfalls diese ansichten nicht erheben lassen.[2]

Dagegen will ich versuchen, die angaben der Praefatio und der Versus durch den nachweis eines viel umfänglicheren und

---

[1] Windisch, Der Heliand und seine Quellen, Leipzig 1868, s. 12 ff. Scherer in der Zs. für die öst. gymn. XIX (1868), s. 848 ff., Wackernagel in der Zs. f. deutsche phil. I (1869), 292 ff. Von den versuchen J. W. Schulte's (Zs. f. deutsche phil. IV, 49 ff.), die Praefatio und die Versus als fälschungen des 16. jahrh. zu erweisen, können wir hier absehen.

[2] Auch Müllenhoff hat in den anmerkungen zum Wessobrunner gebet in der zweiten auflage der Denkmäler Scherer's und Wackernagel's ansicht nicht weiter erwähnt.

bessere anhaltspunkte für die kritik bietenden alttestamentlichen fragmentes zu stützen, das in innigster beziehung zum Heliand steht. Ich meine die verse 235—851 der früher dem Cædmon zugeschriebenen angelsächsischen Genesis.

Die nahe verwantschaft der berichte, welche die Praefatio und die Versus über den dichter des Heliand und Bedas Historia ecclesiastica über den Nordhumbrier Cædmon geben, hat schon frühzeitig zu combinationen beider dichter geführt [1]), und es war somit nahe gelegt, die werke beider einer genaueren vergleichung zu unterziehen. Aber der nachweis, dass die sammlung, die Franz Junius dem Cædmon Bedas zugeschrieben hatte, erzeugnisse verschiedener dichter und wol auch verschiedener zeiten in sich vereinige, und dass für keines der darin enthaltenen stücke die autorschaft Cædmons auch nur wahrscheinlich zu machen sei, mag wol immer wieder von einer untersuchung abgehalten haben, die, wie ich meine, notwendig zur aufdeckung der hier darzulegenden resultate hätte führen müssen.

Wir dürfen es jetzt für ausgemacht halten, dass die einzelnen bestandtheile jener sammlung durch kein anderes band als das der zufälligen vereinigung in einer handschrift unter einander verknüpft sind.[2]) Weiter ist man in der kritik nicht gegangen, wenn ich nichts übersehen habe. Die Genesis insbesondere scheint man trotz verschiedener ansätze zu einer kritischen betrachtung noch immer für ein einheitliches, wenn auch durch überarbeitung in seiner ursprünglichen anlage hie und da gestörtes werk gehalten zu haben.[3]) Es ist nun dem gegenüber meine meinung, dass wir in der darstellung des fälles der bösen engel und der darauf folgenden versuchungsgeschichte (v. 235—851) fragmente eines älteren in die Genesis hineingearbeiteten werkes vor uns haben; dass dieses werk ursprünglich nicht in angelsächsischer, sondern in altsächsischer sprache abgefasst war und dass es niemand anders zum verfasser hat als den dichter des Heliand.

----

[1]) Vgl. Schmeller, Hel. II, XIV.

[2]). Vgl. K. W. Bouterwek, De Cedmone, Elberfeldae 1845, s. 6 f. und Caedmons bibl. Dichtungen I, CXL; J. P. E. Greverus, Caedmons Schöpfung und Abfall der bösen Engel, Oldenburg 1852, s. 12; besonders E. Götzinger, Ueber die Dichtungen des Angelsachsen Caedmon und deren Verfasser, Göttingen 1860.

[3]) Bouterwek, Caedmon I, CXLI f. F. Dietrich in der Zs. f. deutsches alterth. X, 311. Greverus a. a. o. 9. Götzinger a. a. o. 20 ff. Auch Greins bemerkung über Greverus (Bibl. I, 361) zielt hierher.

Die Genesis beginnt mit einer schilderung der erschaffung der engel und des sturzes der bösen; darauf folgt die schöpfung der erde und des menschen und dessen einsetzung in das paradies. In der beschreibung des letzteren bricht mit v. 234 das gedicht ab, indem in der handschrift ein blatt fehlt. Es folgt, nach ein paar versen, die das verbot des essens vom baume der erkenntniss behandeln (v. 235—245), in der dritten fit eine abermalige erzählung vom sturz der bösen engel und in fit IV der anfang der versuchungsgeschichte bis Gen. 3, 7. Mit der fünften fit, v. 852 ff., wird diese beendet; und es reihen sich daran die ereignisse bis zu Isaaks opferung, mit der das ganze abbricht.

Dem Eingang über schöpfung und fall der engel liegen selbstverständlich nichtbiblische quellen zu grunde; nach Bouterwek (Caedmon I, cxliv) sind es die homilien des Angelsachsen Aelfrîc. Aber sehr bald (mit v. 112 ff.) verfällt der dichter in eine trockene, nur selten etwas gehobenere paraphrasierung des biblischen textes, die sich hernach bei v. 852 ff. fortsetzt und in den bearbeitungen der geschlechtsregister von Gen. 4 und 5 in der achten und neunten fitte den höhepunkt von geschmacklosigkeit erreicht.

Ganz andern charakter hat der zwischen v. 234 und 852 liegende abschnitt, den ich im folgenden zum unterschied von der hauptmasse A mit B bezeichnen will. Wenn in A die trockenheit der darstellung vielfach in dem ängstlichen anklammern an die worte der respectvoll verehrten quelle[1] ihren grund hat, so läuft die darstellung in B oft gefahr, in das entgegengesetzte extrem zu verfallen und durch redseligkeit und weitschweifigkeit der hier hervortretenden grösseren gedankenfülle wieder abbruch zu tun. Dass auch die metrische form eine durchaus andere ist, lehrt ein einmaliges durchfliegen eines stückes von A und B, ja selbst schon ein blick auf den verschiedenen raum, den die mehrzahl der verszeilen in beiden teilen einnimmt. Die auffallende wiederholung der geschichte von der schöpfung der engel und ihrem falle in den versen 12—77 und 246—336, die sich mit der annahme eines dichters für die gesammte Genesis nicht wol verträgt, hat bereits Götzinger a. a. o. 20 f. bemerkt, allerdings ohne daraus weiterführende schlüsse zu ziehen.

Wenn schon diese argumente allein genügen, um es wahr-

---

[1] Vgl. die wiederholten berufungen v. 969. 1121. 1239. 1630. 1723. 2563. 2611.

scheinlich zu machen, dass die verse 235—851 nicht ursprünglich zu den übrigen gehören, so will ich doch zur ferneren sicherstellung ein weiteres kriterium anfügen, die sprache, speciell den formelgebrauch der beiden teile. Ich beschränke mich aber hier, da unten noch eine reihe von einzelnen punkten zur sprache kommen wird, auf die nebeneinanderstellung der in eine einzige, allerdings besonders reichlich vertretene kategorie einschlägigen formeln, der ausdrücke für 'gott'. Dieselbe verschiedenheit, die hier zu tage tritt, erscheint entsprechend stark auch in den meisten übrigen kategorien.

A	B
god nicht sehr häufig.	= **god** sehr oft.
ælmihtig god 887. 1509.	= ælmihtig god 311. 849; se ælmihtiga god 544.
hâlig god 97. 1678. 2387.	se hâlga god 270.
hâlig god êce 1404.	—
nergend god 1924.	—
wuldres god 2915.	—
—	mihtig god 403. 524. 814.
—	wealdend god 520. 551.
—	êce god 596.
—	heofnes god 816.
metod 23 mal.	= metod 591.
metod engla 121.	—
metod allwihta 193.	—
metod mancynnes 1947. 2923.	= metod mancynnes 459.
tîrfæst metod 1044.	—
wærfæst metod 1320. 1549. 2900.	—
sôðfæst metod 2653.	—
sôð metod 1414. 2792. 2806.	—
drihten.	
êce drihten 7. 112. 925. 1745. 2058. 2304. 2352. 2632. 2652. 2751. 2794.	—
drihten ûre 40.	= drihten ûre 261.
alwalda ûre drihten 2826.	—
sigora drihten 1036.	ᔆ sigedrihten 523. 778.
weroda drihten 1411.	= weroda drihten 255. 352. 386.
ælmihtig weroda drihten 1362.	—
gifena drihten 2935.	—
—	hâlig drihten 240. 247. 251. 642. 742.
—	se mæra drihten 299.
—	gumena drihten 515.
—	drihtna drihten 638.

A **B**

þeóden 15. 80. 1035. 1202. 2347; se ·   = þeóden 268. 597. 836.
    þeóden 139. 2302; þeóden úre 92.
    1116.
    mǽre þeóden 853.   —
    ríce þeóden 864.   —
    þeóden engla 1888. 2642.   —

freá 17 mal.   —
    freá ælmihtig 5. 116. 150. 173. 852.   —
      904. 1359. 1427. 2351. 2710. 2759.
    freá drihten mín 884.   —
    freá engla 157. 1711. 2836. 2860.   —
    heofona freá 1404.   —
    heofona and þisse eorðan ágendfreá   —
      2141.
    líffreá 16. 868. 1809.   —

cyning.
    stíðferhð cyning 107. 1406. 1683.   = stíðferhð cyning 241.
    blíðheort cyning 192.   —
    sóð cyning 1100. 2635. 2894.   —
    dómfæst cyning 2376.   —
    stíðmód cyning 2423.   —
    se ríca cyning 2846.   —
    cyning eallwihta 978.   —
    cyning engla 1210. 1784. 1946. 2794.   —
    wuldorcyning 111. 165. 1384.   —
      weroda wuldorcyning 2.   —
    heáhcyning 124. 172.   —
      heofena heáhcyning 50. 1025. 2165.   —
    sigora sóðcyning 1797.   —
    heofoncyning 2917.   = heofoncyning 237. 439. 474. 494.
          505. 628. 648. 659. 666. 712.
          768. 843.

    se hálga heofoncyning 1315.   —
      •—   heáh heofoncyning 463.

aldor.
    swegles aldor 862. 2540. 2807. 2878.   —
    wuldres aldor 1002. 1511. 2573.   = wuldres aldor 639.
    lífes aldor 1113. 2702.   —

waldend 67. 1791. 2199. 2504. 2596.   = waldend 798. 815; c. pron. poss.
    2669. 2812. c. pron. poss. 49. 1884.   298. 577.
    2293. 2379. 2576. 2803. 2841. 2861.
    waldend úre 117. 1771. 1839. 2585. 2761.   —
    sigora waldend 126. 1270. 1365. 1408.   —
      éce sigora w. 1111.   —
    rodera waldend 1203. 1253. 2404. 2755.   —
    gásta waldend 2174. 2545.   —

A	B
{ heofona waldend 2385.	ᴗ heofnes waldend 303. 673. 780.
{ waldend heofona 2219.	
	se hêhsta heofnes w. 260. 300.
—	waldend se gôda 817. 850.
—	
w e a r d.	
rodera weard 1. 169.	—
lîfes weard 144. 163. 1426.	—
wuldres weard 941.	—
heofonrîces weard 1363. 1484. 2073.	ᴗ se hêhsta heofnes weard 299.
se hâlga heofonr. w. 1744.	—
sigora weard 1770.	—
gâsta weard 2865. 2919.	—
mancynnes weard 2895.	—
ælmihtig mancynnes w. 2757.	—
heofonweard 120. 1796.	—
h e l m eallwihta 116.	—
gâsta helm 1793. 2420.	—
engla helm 2751.	—
b r e g o 1289.	—
brego engla 181. 976. 1008. 2583. 2764.	—
dugoða h y r d e 164.	—
lîfes l e ó h t f r u m a 175. 926. 1410. 1792.	—
1889. 2421.	
lîfes b r y t t a 122. 129.	—
f æ d e r ælmihtig 1779.	—
bilwit fæder 856.	—
gôdspêdig g â s t 1009.	—
s c y p p e n d 2739.	—
scyppend ûre 65. 137. 206. 942. 1391.	—
n e r g e n d 1314. 1356. 1496. 2433. 2863.	—
nergend ûre 140. 855. 903. 1295. 1327.	= nergend ûsser 536.
1367. 1483. 1504. 2633.	
—	se alwalda 246. 292. 328. 359.
	513. 599. 665.

Fast überall wo A von B abweicht stimmt A zu dem allgemein gebräuchlichen angelsächsischen formelschatz, wie eine vergleichung mit Greins glossar lehren kann. Von den B eigentümlichen formeln kehren zwar einige auch in andern ags. quellen wieder, aber niemals findet sich dieselbe auswahl von formeln als ein ganzes in irgend einem der ags. gedichte. Dagegen springt alsbald eine auffällige übereinstimmung mit dem formelschatz des Heliand in die augen. Ich lasse die belege im anschluss an die eben gegebene tabelle folgen:

alomahtig god 416. 2337; *god alomahtig* 245. 1766; *thê alo-mahtigo god* 903. 1110; *thê hêlago god* 1513. 1923; *mahtig god* 1632. 1827. 3592; *god mahtig* 1039; *uualdand god* 20. 98. 645 u. ö.; *metod* 128. 512; *ûsa drohtin* 83. 988. 1218. 1229 u. ö.; *sigidrohtin* 1575. 3744 C. 4093; *hêlag drohtin* 600. 1292. 2420 u. ö.; *mâri drohtin* 1133. 4387. 4788. 4827; *thê mârio drohtin* 2330; *thiodan* 3283. 4518 u. ö.; *heƀancuning* 47 mal (Schmeller II, 51) und *himil-cuning* 266 C.; *hôh heƀancuning* 266, vgl. *thê hôhôsto heƀancuning* 278; *uualdand* oft; *heƀanes uualdand* 1315. 2299. 3550; *alouualdo* 13 mal; über *waldend se gôda* vgl. unten die anmerkung zu 612.

Specifisch angelsächsisch sind also in B nur die formeln *êce god, stîðferhð cyning, wuldres aldor*, die je einmal, und *weroda drihten*, das dreimal vorkommt; auch wol *drihtna* und *gumena drihten*, die im Heliand keine parallelen haben (Grein I, 208); vielleicht auch *metod mancynnes*, das aber möglicherweise im Heliand nur zufällig fehlt.

Diese übereinstimmungen lassen sich aber noch um ein sehr beträchtliches mehren; denn abgesehen von den worten und wen-dungen, die überhaupt der ags. und alts. poesie als von alters her überkommenes erbgut gemeinsam sind, bietet B eine menge sowol einzelner wörter als formeln, die nur im Heliand, nicht aber in den äusserlich näher verwanten ags. dichtungen wiederkehren. Zum beweise füge ich hier die wichtigsten tabellarisch auf, indem ich für alle einzelnheiten auf die anmerkungen verweise, welche die nötigen belege bieten.

S u b s t a n t i v a : *giongorscipe* 249, *giongordôm* 267; *stôl* als simplex 260; *strîð* 284, *hygesceaft* 288, *þegnscipe* 326, *bodscipe, gebodscipe* 430, *hearmscearu* 432, *lygen* 496, *hellgeþwing* 696, *preá-weorc* 737, *sîma* 765.

A d j e c t i v a u n d a d v e r b i a : *heardmôd* 285, *lofsum* 468, *wrâðmôd* 647, *nîdbrâd* 643, *wǽr* 681, *wǽrlîce* 652.

V e r b a : *gewrixlan* eintauschen 335, *rômigan* 360, *bedreógan* 602, *ǽrendian* 665.

F o r m e l n : 1. Substantiv mit substantiv: *word and wîse* 534, *hearran hyldo* 633, *hyldo heofoncyninges* 712.

2. Substantiv mit adjectiv: *fǽcne hyge* 443, *suht swâre* 472, *forman worde* 495, *wlitesciéne wîf* 527, *lâð strîð* 572, *idesa scènost, wîfa wlitegost* 626, *wǽrum wordum* 681, *gôdlîc gard* 740, *bitre on breóstum* 803.

3. Substantiv mit verbum: *gewit gifan, forgifan* 250, *ræd geþencan* 286, *dæd ongyldan* 295, *hyldo wyrcan* 505, *ambyht læstan* 518, *tâcen ôðiéwan* 540, *hyldo habban* 567, *hearm gesprecan* 579, *môd lætan* 591, *freme læran* 610, *lâð sprecan* 622, *geongordôm læstan* 662, *þreâweorc þolian* 737, *gesceâpu bîdan* 842; — *wordum trûwian* 569, *hnîgan mid heâfdum* 237, *on hyge hreôwan* 426, *on sîð faran* 498, *tô þance geþênian* 506, *forlædan mid lygenum* 630, *on môd niman* 710, *tô gebede, on gebed feallan* 777.

Sonstige verbindungen: *þat ôðer eal* 235, *ealra ... mæst* 297, *dim and þŷstre* 478, *æfter tô aldre* 436, *tô langre hwîle* 489, *ofer langne weg* 554; — *warian* c. accus. und *warian hine wið* 236, *þeôwian æfter* 282, *geofian wið* 646; — *frêcne fylgian* 688, *georne fulgangan* 782. Ausserdem mache ich noch wegen charakteristischer constructionen auf die anmerkungen zu v. 274. 597 besonders aufmerksam.

Endlich seien hier auch noch die auf mehr als eine einfache formel sich erstreckenden wichtigeren übereinstimmungen neben einander gestellt:

Genesis.	Heliand.
282 hwŷ sceal ic æfter his hyldo þeówian?	1472 mêr sculun gî aftar is huldî thionôn
295 sceolde hê þâ dæd ongyldan	4418 sie sculun thea dâd antgelden
330 wæron þâ befeallene fŷre tô botme on þâ hâtan hell	2510 bifelliad sia ina ferne te bodme an thene hêtan hel
361 þæt hê ûs hæfð befylled fŷre tô botme helle þære hâtan	
353 weoll him on innan hyge ymb his heortan	3688 thes uuell im an innan hugi um is herta
484 sceolde hine yldo beniman ellendæda	151 habad unc eldi binoman elleandâdi
498 þâ hêt hê mê on þysne sîð faran, hêt þæt þû þisses ofætes æte	637 thô hêt hê sie an thana sîð faran, hêt that sie ira ârundi al underfundin
544 ic hæbbe mê fæstne geleáfan up tô þâm ælmihtegan gode	903 habad hlûttra treuua up te them alomahtigon gode
614 nû scîneð þê leóht fore	1708 than skînid thî lioht biforan
641 ac hê þeóda gehwâm hefonrîce forgeaf	3508 ên himilrîki gibid hê allun theodun
652 þe hê hire swâ wærlîce wordum sægde	868 hêt ina uuârlîco uuordum seggean
672 gif hit gegnunga god ne onsende heofones waldend	213 that ina ûs gegnungo god fon himile selbo sendi
683 þæt hit gegnunga from gode côme	3937 ac it gegnungo fan gode alouualdon kumid

Ein solcher reichtum an übereinstimmungen muss um so mehr überraschen, als das ganze fragment B nur wenig über 600 zeilen zählt. Es steht dieses verhältniss auch wirklich als einzig in seiner art da. Man wird nicht einmal zwischen zwei angelsächsischen gedichten verschiedener verfasser soviel ähnlichkeiten nachweisen können, geschweige denn zwischen einem ags. werk und dem Heliand. Ich habe die sämmtlichen texte des ersten bandes von Greins bibliothek und einen teil des zweiten bandes nach diesem gesichtspunkte genau durchgeprüft und in etwa 15000 versen nicht so viel auffällige übereinstimmungen mit dem Heliand wie die zuletzt aufgeführten gefunden.

Die schlüsse, die aus diesen tatsachen sich ergeben, sind einfach genug: entweder ist der Heliand nach einem ags. vorbild gearbeitet oder B nach einem altsächsischen; eine direkte beziehung zwischen beiden steht ausser allem zweifel.

Die erstere meinung hat bekanntlich vor jahren bereits A. Holtzmann vertreten (Germ. I, 470), allerdings auf gründe ganz anderer art gestützt, und wie man aus seinem schweigen wol schliessen darf, ohne von den hier aufgedeckten beziehungen etwas zu ahnen. Den versprochenen beweis ist aber Holtzmann schuldig geblieben. Die unmöglichkeit, seine annahme durchzuführen, lässt sich auch leicht zeigen.

Wenn auch die frühzeitig im dienste des christentumes ausgebildete angelsächsische kirchensprache von nicht unbedeutendem einfluss auf die completierung des altdeutschen sprachschatzes gewesen ist, so erstreckt sich doch dieser einfluss im wesentlichen mehr auf die ausdrücke die in der kirchlichen prosa ihre verwendung finden. Die poesie, auch die ags. geistliche dichtung nicht ausgenommen, hat sich freier erhalten, sie hat ihre sprache im engeren anschlusse an die ältere nationale dichtung entwickelt. Die verbindung zwischen deutsch und angelsächsisch liegt eben nur in den prosaischen verdeutschungen lateinischer worte, die ags. missionäre direkt oder indirekt gegeben haben. Aus dem bereiche dieser ausdrücke muste natürlich sowol die ags. wie die deutsche kirchliche dichtung einiges aufnehmen, aber sie hat diese bestandteile in ihrer weise umgearbeitet; die einzelnen wörter haben neugebildeten epischen formeln und wendungen zur grundlage gedient, und diese entwickelung haben die Deutschen und Angelsachsen unabhängig von einander durchgemacht, wenn auch die Angelsachsen zeitlich vorausgiengen. So erklärt es sich, dass beide dichtungsgebiete einen ziemlich deutlich umschriebenen und scharf von einander abgegränzten wort- und formelvorrat besitzen. Ein beispiel zur illustration des gesagten können die oben angeführten ausdrücke für 'gott' liefern, denen freilich noch manches aus den übrigen ags. dichtungen wie aus dem Heliand hinzugefügt werden könnte und müsste.

Bei einer aufmerksamen betrachtung wird es nun niemandem entgehen, dass von dem oben gegebenen material ein nicht unbeträchtlicher teil seiner entstehung nach in die christliche zeit fällt, in eine periode also, wo zwischen deutscher und ags. dichtung und ihrer poetischen sprache längst kein direkter zusammenhang mehr bestand. In allen diesen fällen steht aber B entschieden auf seite des deutschen und hebt sich scharf von dem angelsächsischen ab.

Nebenher gehen zwischen ags. und deutsch von alters her differenzen in bezug auf worte des gewöhnlichsten lebens; auch hierin erweist sich B als deutsch; ich führe an das adj. *wêr* und adv. *wêrlîce* (s. zu 681) gegenüber ags. *sôð*, *sôðlîce;* das pron. *swâ hwâ swâ* und *swâ hwæt swâ* (s. zu 438); das subst. *strîð* (s. zu 284) das ags. isoliert dasteht, im deutschen eine reich entwickelte verwantschaft hat; das verbum *bedreógan* betrügen (neben ags. *dreógan* sustinere), wenn ich zu 602 richtig vermutet habe, dass *bedrôg* als eine stehen gebliebene alts. form, nicht als praet. zu einem verbum *bedragan* aufzufassen ist.

Auch von seite der metrik aus lässt sich einiges zu gunsten der priorität des deutschen anführen. Im Hel. ist *têcan gitôgian* eine geläufige formel (zu 540), in B ist durch die übertragung des im ags. fehlenden wortes *gitôgian* in *ôðiêwan* die alliteration zerstört; die häufigkeit dieser nur mangelhaften verbindung in B, ihr fehlen in den sonstigen dichtungen weist noch auf das alts. vorbild zurück. Aehnlich mag es sich mit *dim and þŷstre* und alts. *thimm endi thiustri* verhalten (zu 478).[1]) Ebenso schliesst sich der bau der verse in B durchgängig an den des Heliand an, während sonst dem ags. ein viel knapperes mass der zeile eigen ist. Selbst die für den Heliand charakteristischen gesetze für die stellung gewisser wörter am versschlusse, über die ich in der Zs.

---

[1]) Ich mache ausserdem noch auf die unklare formel *forman worde* = *furmon uuordu* Hel. 217 aufmerksam. Heyne hat im Hel. in beiden ausgaben *furmon* in *fromun* geändert, und auch Grein Germ. XI, 210 scheint die coexistenz der ags. phrase übersehen zu haben.

f. deutsches alterthum XIX, 50 ff. gehandelt habe, finden sich in
B wieder, vgl. v. 353. 384. 412. 415. 420. 421. 427. 436. 446. 457.
493. 497. 504. 532. 555. 562. 567. 596. 625. 640. 731—3. 752.
762. 782. 793. 834.

Kann es nach alle dem noch zweifelhaft sein, dass wir als
grundlage von B ein altsächsisches gedicht und zwar ein werk
des Helianddichters anzuerkennen haben? Ich glaube nicht. Man
könnte freilich, um dieser annahme zu entgehen, etwa behaupten
wollen, ein in Deutschland sich aufhaltender Angelsachse habe
nach genauem studium des Heliand das gedicht dem B als fragment entstammt, gleich in seiner muttersprache gedichtet; aber
es spricht alsbald, selbst abgesehen von der unwahrscheinlichkeit
eines solchen processes, die beschaffenheit des werkes selbst dagegen. Ich kann es nicht glaubhaft finden, dass ein ausländer in
dieser weise sich in sprache, ausdrucksweise, satzbau, metrik des
Heliand, man kan wol sagen hineingearbeitet habe. Man müste
doch soviel reminiscenzen an heimisches bei ihm zu finden er-
warten, dass durch das ganze gedicht hin gleichmässig neben
den deutschen auch angelsächsische eigentümlichkeiten in wort-
und formelgebrauch sich nachweisen liessen. Das ist aber keines-
wegs der fall, vielmehr wechseln gruppenweise völlig angelsächsische verse und solche, die man fast wort für wort in gute alt-
sächsische Heliandverse übersetzen kann. So ist beispielsweise
in der grossen rede des Satans vor der versuchungsgeschichte ein
langes stück, etwa v. 371—420, eingeschoben, das nicht die ge-
ringsten anklänge an den Heliand enthält, die nicht zugleich allgemein angelsächsisch wären, also wol dem alten formelschatze
angehören; und kleinere stücke dieser art lassen sich fast aller-
orts mit mehr oder weniger bestimmtheit aussondern, sobald man
die unterschiede der alts. und ags. sprechweise im auge behält.
Man kann sicher sein, da wo man einem specifisch ags. wort be-
gegnet, alsbald auf mehreres derart zu stossen, das dem Heliand
fremd ist. Dies verhältnis ist nur so erklärlich, dass man an-
nimmt, dass eine der ursprünglichen abfassung fremde hand das
gedicht einer überarbeitung unterzogen hat, und da diese überarbeitung überall ags. charakter trägt, so wüste ich nicht, was
der vermutung entgegenstünde, dass ihr autor zugleich die übertragung aus dem altsächsischen vorgenommen hat.

Eine andere frage ist es, ob dieser übersetzer und bearbeiter
zugleich auch der verfasser von A ist. Definitiv wird sich die

selbe wol kaum beantworten lassen, aber ich will doch nicht
unterlassen, einiges anzuführen was mir gegen diese annahme zu
sprechen scheint. Oben s. 11 sind die in B vorliegenden 6 oder
7 specifisch ags. ausdrücke für 'gott' zusammengestellt; ich kann
hier hinzufügen, dass sie alle dem überarbeiter angehören; von
ihnen kommen drei, nämlich *êce god, drihtna drihten* und *gumena
drihten* nicht in A vor, und *weroda drihten* steht in den 600 versen
von B dreimal, in den etwa 2300 von A nur einmal. Und sollte
der verfasser von A z. b. nicht ein einziges mal das bei ihm so
beliebte *freá* in B hineingebracht haben? Namentlich aber spricht
die metrische gestalt der verse und die ungeheure weitschweifigkeit gerade der interpolationen gegen den verfasser von A. Der-
artige langverse wie 252—260 und 389—408 sind überhaupt sonst
im ags. unerhört, wie viel weniger kann man sie dem trocken
gelehrten und die verse aufs knappste zuschneidenden Genesis-
dichter zutrauen. Dass *stiðferhð cyning* nur in AB vorkommt
und auch *nergend ússer* B 536 stark nach A schmeckt (s. oben
s. 10), kann dagegen nicht sehr in betracht kommen. Es geht
höchstens das daraus hervor, dass A jünger ist als B, und dass
der verfasser von A, als er das fragment B in sein eigenes werk
einschob, auch hier und da an dem ihm überkommenen herum-
geändert hat.

Mir scheint die sache also am wahrscheinlichsten so zu liegen,
dass ein die schöpfung und den sündenfall behandelndes gedicht
des verfassers des Heliand zunächst eine übertragung ins ags.,
verbunden mit einer starken erweiterung und umarbeitung, erfuhr.
Der urheber dieser übertragung mag ein Angelsachse gewesen
sein, der in Deutschland deutsch gelernt hatte und das ihm lieb
gewordene dichtwerk auch seinen landsleuten zugänglich machen
wollte. Freilich hat das gedicht unter seinen händen gewis nicht
gewonnen, denn ihm verdankt es die weitläufigkeit und confusion
die ihm an so vielen stellen eigentümlich ist (man achte namentlich auf die vielen wiederholungen in der grossen rede des Satans
v. 355 ff. u. dgl.). Sein werk mag sich aber nicht lange unver-
sehrt erhalten haben, denn bereits im 10. jahrh. finden wir es als
fragment ohne schluss (der anfang fehlt durch die lücke der hs.)
in ein umfänglicheres werk eingeschoben. Dabei ist einzelnes
wol einer zweiten umarbeitung unterworfen worden (vgl. z. b. die
kurzen verse 324—335. 447—473 und die rasche wiederholung
solcher flickverse wie *and þurh ofermêtto* 332 = *and þurh ofermêtto*

ealra swîðost 335 = *and his ofermêtto ealra swîðost* 351, die an
den catalogisierenden dichter von A erinnern) und damit ist der
kritik leider auch die möglichkeit geraubt, mit einiger sicherheit
noch den ursprünglich deutschen kern herauszuschälen. Eine ge-
naue vergleichung mit dem Heliand, zu der in den anmerkungen
das wesentlichste material niedergelegt ist, lässt zwar selten im
zweifel darüber, ob ein satz oder eine wendung deutsch oder un-
deutsch ist, aber ob ein gedanke innerhalb der abschnitte von
angelsächsischem charakter eingeschoben ist oder ob er bereits
dem original angehörte, das wird man nie bestimmt sagen können.
Ich habe deswegen absichtlich ausscheidungen aus dem über-
lieferten texte überhaupt nicht vorgenommen, es anderen über-
lassend, in dieser richtung mit grösserer entschiedenheit vor-
zugehen.

Auch nach einer andern seite hin erschwert die überarbeitung
die untersuchung, ich meine die frage nach den quellen, die dem
dichter seinen stoff geliefert haben. Mir wenigstens scheint es,
als ob eine reihe von zügen besonders in der erzählung vom
sturze der bösen engel erst später hinzugefügt seien; so vielleicht
gleich die angabe von der erschaffung der 10 engelchöre, über
die dauer des sturzes Lucifers v. 307 (der vielleicht nur ein pro-
saischer zusatz eines abschreibers ist, wenigstens fehlt die alliteration) u. dgl. mehr. Bouterwek nimmt in der einleitung zu seinem
Cædmon s. CXLIV ff. als quelle für die gesammte darstellung der
engellehre Aelfrics homilien in anspruch, ich kann aber nicht
finden, dass diese behauptung durch zwingende gründe gestützt
würde. Richtig ist dass die engellehre des mittelalters wesentlich
auf Gregor zurückgeht, aber das wenige, was wir hier brauchen
war viel bequemer aus andern abgeleiteten quellen zu holen;
namentlich seit Isidor Origg. VII, 5. Sentt. I, 12 (vgl. auch III, 5)
einen kurzen auszug des wissenswürdigsten aus Gregors und
Augustins schriften zusammengestellt hatte. Die an dieser stelle
zum ersten male vereinigten gedanken über die schöpfung der
engel vor der der menschen, über den sturz Lucifers u. s. w.
werden von da ab in fast allen schriften, welche sich mit den
ersten capiteln der Genesis beschäftigen, wiederholt. Aus welchem
der gangbaren commentare nun der ursprüngliche dichter von B
sich seine weisheit entnommen hat, lässt sich natürlich nicht ent-
scheiden, da überhaupt nur 2—3 gedanken in frage kommen, die
noch dazu jedem geistlich gebildeten manne des 9. jahrh. geläufig

sein musten. Für die bestimmung der chronologie ist also, insbesondere auch wegen des zweifels, der über die ursprünglichkeit
mancher gedanken erhoben werden muss, aus einer untersuchung
der commentare nichts zu gewinnen; jedenfalls sind die betreffenden anschauungen bereits lange vor der abfassungszeit des Heliand
in gangbaren handbüchern ausgesprochen gewesen.

Die einzige quelle, aus der ich bisher bei unserem dichter
entlehnungen einzelner mehr individueller züge habe entdecken
können, ist dieselbe die J. Diemer (Beiträge zur ältern deutschen
Sprache und Literatur VI, LXV ff., vgl. F. Vogt in Paul und Braune's
Beiträgen II, 289 ff.) als grundlage der betreffenden abschnitte in
der deutschen Genesis nachgewiesen hat, nämlich des Avitus gedicht de origine mundi (Aviti opera ed. J. Sirmondus, Parisiis
1643, s. 215 ff.). Aber auch dieser quelle gegenüber ist der dichter
mit der grössten denkbaren freiheit verfahren, wie im folgenden
gezeigt werden soll.

Avitus beginnt das erste buch, de initio mundi betitelt, alsbald mit der schöpfung der erde und des menschen, abweichend
von der sitte der späteren dichter, die, nach dem vorbild der
commentare u. dgl. ab ovo anfangend, gewöhnlich zuerst die
schöpfung der engel erzählen (Scherer, Geistliche poeten s. 11),
v. 1—192. Hierauf schilderung des paradieses v. 193—298. Mit
der v. 302 beginnenden vermahnungsrede des schöpfers setzt unser
fragment ein. Hier scheinen gleich die verse 310 f. benutzt zu sein:

> hic operis dulci studio secura quiescat
> delitiisque fruens longaevo in tempore vita,

wenigstens gab zu den worten *ne wyrð inc wilna gǽd* B 237 die
vulgata allein keinen direkten anlass. B 240—245 entsprechen
dann genau Av. I, 320—25:

> accipiunt iuvenes dictum laetique sequuntur
> spondentes cuncto servandam tempore legem.
> Sic ignara mali novitas nec conscia fraudis
> incautas nulla tetigit formidine mentes.
> At pater instructos sacrata in sede relinquens
> laetus in astrigeram caeli se sustulit auram.

Damit schliesst das erste buch des Avitus und die zweite fit der
Genesis. Av. II, 1—34 gibt 2, 26 wieder, um sich dann v. 35 ff.
zur besprechung der schöpfung und des falles der engel zu wenden.
Ganz wie in B 57 ff. folgt bei Avitus zuerst ein selbstgespräch
Lucifers v. 42 ff.;

'divinum consequar, inquit,
nomen et aeternam ponam super aethera sedem
excelso similis summis nec viribus impar.'
45 Talia iactantem praecelsa potentia caelo
iecit et eiectum prisco spoliavit honore,
quique creaturae praefulsit in ordine primus
primas venturo pendet sub iudice poenas ....
77 Vidit ut iste novos homines in sede quieta
ducere felicem nullo discrimine vitam ....,
81 commovit dubitum zeli scintilla vaporem
excrevitque calens in saeva incendia livor.
Vicinus tunc forte fuit quo concidit alto
lapsus et innexam traxit per prona catervam.
85 Hoc recolens casumque premens in corde recentem
plus doluit periisse sibi quod possidet alter.

. . . .

'Pro dolor, hoc nobis subitum consurgere plasma
90 invisumque genus nostra crevisse ruina!
Me celsum virtus habuit: nunc ecce reiectus
pellor et angelico limus succedit honori ....
107 Haec mihi deiecto tandem solatia restant:
si nequeo clausos iterum conscendere caelos,
his quoque claudentur. Levius cecidisse putandum est
si nova perdatur simili substantia casu,
si comes excidii subeat consortia poenae
et quos praevideo nobiscum dividat ignes' ....

Bis hierher ist die übereinstimmung mit B ziemlich gross,
nur dass B die in den citierten versen gebotenen gedanken in
höchst weitschweifiger weise in mehr als 100 versen (58—174)
verarbeitet hat. Zugleich ist aber bereits in diesen versen der
grund für die folgende von Avitus abweichende auffassung gelegt,
derzufolge nicht wie bei Avitus Lucifer selbst sich in die gestalt
der schlange hüllt, sondern einer seiner untergebenen. Die darstellung der Genesis nähert sich also mehr der aus Augustin De
genesi ad literam XI, 4 ed. Ben. von allen commentatoren wiederholten auffassung, dass der teufel sich der schlange als seines
werkzeuges bedient habe.

Die fünfte fit der Genesis schildert die rüstung des teuflischen
boten zur versuchung, abermals im anschluss an Avitus 119 ff.

serpens;
120 huius transgressor de cunctis sumere formam
eligit aerium circumdans tegmine corpus,
inque repentinum mutatus tenditur anguem ...
138 pervolat ad lucum ....

142 Arboris erectae spiris reptantibus alto
    porrigitur.

Der ganze nun folgende abschnitt Gen. 495 — 516 ist gegen
die vulgata und Avitus eingeschoben und, so weit ich habe ver-
folgen können, unserem dichter eigentümlich; gerade hier aber
sind die übereinstimmungen mit dem Heliand so auffällig, dass
ein zweifel an der ursprünglichkeit der verse nicht aufkommen
kann. Ebenso eigentümlich ist die ganze motivierung bei der
folgenden versuchung, dass nämlich die schlange sich als boten
gottes darstellt und mit dessen zorne droht, wenn Adam und Eva
seinem gebote, vom baum der erkenntniss zu essen, nicht folge
leisteten, während alle übrigen mir zugänglich gewesenen quellen,
auch Avitus, an der darstellung der vulgata festhalten, welche
den versucher an die eigenliebe des ersten menschenpaares appel-
lieren lässt. Erst Gen. 588 ff. beginnt wieder die annäherung an
Avitus. In der Genesis 3, 6 heisst es einfach, dass Eva 'tulit de
fructu'; dafür finden wir bei Avitus

        Talia fallaci spondentem dona susurro
205 credula submisso miratur femina vultu
        et iam iamque magis cunctari ac flectere sensum
        incipit et dubiam leto plus addere mentem ...
210 Unum de cunctis letali ex arbore malum
        detrahit et suavi pulchrum perfundit odore,
        conciliat speciem nutantique insuper offert:
        nec spernit miserum mulier male credula munus.

Zu den folgenden versen der Genesis 366—375 können vielleicht die worte des Avitus 261 ff. herangezogen werden:

        vix uno pomum libarat succida morsu
        ingluvies summumque dabat vix esca saporem,
        ecce repentinus fulgor circumstitit ora
        lugendoque novos respersit lumine visus

die sich allerdings erst auf den fall Adams beziehen. Dass aber
dies licht ein teuflischer trug gewesen sei, hat wieder der dichter
aus eigner erfindung, aber doch wol mit beziehung auf die unten
alsbald mitzuteilende stelle Av. II, 422 ff., hinzugesetzt. Auch
Adams verhalten gegenüber den verlockenden worten der Eva ist
ganz verschieden dargestellt; Avitus lässt den Adam sofort gierig
den dargebotenen apfel verschlingen:

258 sed sequitur velox miseraeque ex coniugis ore
        constanter rapit inconstans dotale venenum
        faucibus et patulis inimicas porrigit escas,

während in der Genesis Adam erst nach langem zureden der
Eva fällt.

Die abschnitte über die schlangenbeschwörer, Avitus II, 292
—325, und über die zerstörung von Sodom und Gomorrha, ib.
326—407, sind in der Genesis übergangen. Dieselbe fährt vielmehr v. 724 ff. mit Avitus II, 408 fort:

> Tum victor serpens certamine laetus ab ipso
> puniceam crispans squamoso in vertice cristam
> 410 iam non dissimulans quem presserat ante triumphum
> acrior insultat victis et talibus infit,

u. s. w. und

> 422 Dixit et in media trepidos caligine linquens
> confictum periit linquens per nubila corpus.

Hierauf beziehen sich ohne zweifel die worte der Genesis 727 ff.,
dass mit dem weggange des versuchers das den betrogenen vor-
geteuschte licht verschwunden sei.

Aus dem dritten buche des Avitus, de sententia dei, sind
ferner noch zwei stellen benutzt; man vgl. zu Genesis 765 ff.
Avitus III, 4 f.:

> illis sed maior curarum volvitur aestus
> ferventesque tenent male conscia corde dolores,

und endlich zu Gen. 805 Av. III, 323 ff. (aus der schilderung der
folgen des sündenfalles):

> Ipsa etiam leges ruperunt tunc elementa
> et violare fidem mortalibus omnia certant.
> 325 Inflatur ventis pelagus, volvuntur et undae
> excitusque novum turgescit pontus in aestum.
> Tunc primum tectis tetra caligine caelis
> ingratos hominum castigatura labores
> grandineos pavidis fuderunt nubila nimbos
> 330 atque polus discors invidit germina terris . . .
> Haec gemini primum senserunt tunc protoplasti.

Ich muss hiermit meine erörterungen abbrechen, obwol noch
manche einzelfrage der erledigung harrt; nur eines will ich noch
mit wenigen worten berühren. Wer dem gange der untersuchung
mit berücksichtigung der über den Heliand noch schwebenden
fragen bis hierher gefolgt ist, dem wird es nicht entgangen sein,
dass der dichter von B viel freier und selbständiger seinen quellen
gegenüber verfährt als der Helianddichter.[1] Worin dieser unter-

---

[1] Ich verweise neben Windisch's und Grein's schriften noch auf mei-
nen aufsatz 'zur quellenfrage' des Heliand in der Zs. f. deutsches alterth.
XIX, 1 — 39.

schied seinen grund hat (wenn anders meine vermutung, dass
beide dichter ein und dieselbe person sind, richtig ist), weiss ich
nicht anzugeben. Trotz vielfachem suchen habe ich für die dem
dichter von B eigentümlichen züge in der darstellung der versuchungsgeschichte keine lateinische quelle entdecken können, und
so müssen wir dieselben bis auf weiteres wol auf eigene rechnung
des dichters stellen. Ich finde auch die allen diesen abweichungen
von der gewöhnlichen darstellung zu grunde liegende tendenz, die
schuld der verführten als möglichst gering darzustellen, nir-
gends von einer der kirchlichen autoritäten ausgesprochen. Das
interesse der allein im besitze der geistlichen gnadenmittel be-
findlichen kirche forderte ja auch vielmehr das gerade gegenteil
von dieser richtung. Um so ansprechender aber erscheint sie uns
bei einem manne wie dem Helianddichter, der, frei von asketischer
strenge, die lehren und die heilsamen vorbilder des christentums
seinem volke in einer das gefühl seiner landsleute nicht zu sehr
abschreckenden weise darzustellen bemüht war.[1] Das biblische
vorelternpaar, das, wie die commentare sich ausdrücken, aus gula,
vana gloria und avaritia fehlt, mochte dem geraden sinne und
dem poetischen gefühle des sächsischen volkes ebensowenig zu-
sagen wie der kleinmütige Petrus, der seinen herrn verleugnet,
oder die jünger, die bei seiner gefangennahme fliehen (vgl. Windisch s. 73 f.). Wie in den letztgenannten fällen konnte der dichter
eine andere motivierung kaum umgehen, wollte er nicht einer
nachhaltigen einwirkung seiner dichtung auf das volk entsagen.
Die wahl des neuen motives muss aber eine entschieden glück-
liche heissen: es ist die treue, der gehorsam gegenüber dem durch
den lügenboten überbrachten angeblichen befehle des herrn, der
erst die Eva, dann den Adam, der vorher treulich der versuchung
widerstanden hatte, zum falle bringt, und nur leise und mehr
entschuldigend als anklagend klingt der gedanke an die mensch-
liche schwachheit durch. Es ist derselbe grundgedanke, der auch
den ganzen Heliand durchdringt.

Windisch hat s. 19 seiner schrift hervorgehoben, dass der
Helianddichter absichtlich so wenig als möglich die beziehungen
auf das alte testament aufgenommen habe und dass er z. b. die
sündflut oder die zerstörung von Sodom und Gomorrha nicht als
etwas allgemein bekanntes bespreche; er schliesst daraus, dass

---

[1] Windisch 18 ff. u. ö. Scherer, Zs. f. d. österr. Gymn. 1868, 852 f.

ein alttestamentlicher teil des Heliand damals, als dieser letztere entstand, nicht existiert habe. Vielleicht darf man diese bemerkungen mit dem eben erörterten dahin verknüpfen, dass man die bearbeitung der Genesis einer spätern lebensperiode des dichters zuschriebe, in der er sich von dem mehr mechanischen festhalten an den kirchlichen quellen, wie es im Heliand noch zu tage tritt, los gemacht und zu einer freieren auffassung emporgeschwungen hatte. Einen zwingenden grund, die entstehung der Genesis vor die des Heliand zu setzen, sehe ich nicht, weder in erwägungen allgemeinerer art, noch in den worten der Praefatio und der Versus. Dass das alte und das neue testament zu einem fortlaufenden ganzen dichterisch verarbeitet seien, scheint auch mir für jene zeiten unglaublich. Wol aber lässt sich denken, dass der dichter des Heliand nach vollendung dieses seines hauptwerkes noch eine reihe einzelner erzählungen iuxta historiae veritatem quaeque excellentiora excerpens verfasst habe. Die Genesis, aus der unser fragment stammt, oder vielleicht selbst die behandlung der schöpfung und des sündenfalles, mag, wie etwa in der angelsächsischen litteratur die Exodus, der Daniel, die Judith, von anfang an ein selbständiges werk gewesen sein.

GENESIS.

*

235 'ac niótad inc þæs ôðres ealles,   forlǽtað þone ǽnne beám,
wariað inc wið þone wæstm: ne wyrð inc wilna gǽd.'
Hnigon þâ mid heáfdum   heofoncyninge
georne tôgênes   and sǽdon *gode* ealles þanc
lista and þâra lâra: hê lêt heó þæt land bûan.
240 Hwærf him þâ tô heofenum   hâlig drihten,
stîðferhð-cyning: stôd his handgeweorc
somod on sande,   nyston sorga wiht
tô begrornianne,   bûtan *þæt* heó godes willan
lengest lǽsten: heó wǽron leóf gode
245 þenden heó his hâlige word   healdan woldon.

III.

Hæfde se alwalda   engelcynna
þurh handmægen   hâlig drihten

---

*Der text ist hier nach Grein gegeben, mit berücksichtigung der von
mir in der Zs. f. deutsches alterthum* XV, 457 *f. gelieferten nachträge. —*
238 gode *ergänzt von Grein.* 43 bûtan hû *Grein.* 46 alwalda *corr. in* ea*.

235 þæs ôðres ealles *nach Grein* II, 307 *wol nur hier belegt,* = that
ôdar al *H.* 4372. **236** warian *in dieser bedeutung und construction nur
hier und ähnlich* þæt wit unc wîte warian sceolden 801; þæt þû inc ... meaht
wîte bewarigan 563 = imu that fridubarn godes uuardode uuid thê uurêdon
H. 3836; gî iu uuardôn sculun uuîteo mêsta 1702 *und ähnlich* 5471.
237 hnîgan mid heáfdum *nur hier und* 742 = te themu godes barne hnêg
mid is hôbdu *H.* 4830; hnigun im mid iro hôbdu 5503; hnîgan tôgeânes *nur
hier* = hnêg imu tegegnes *H.* 2418. **238** thank seggian *H.* 475. 2154. 2965.
3681 = *allgemein ags. Grein* II, 561. **241** hâlig drihten *allgemein (doch nicht in
den übrigen teilen der Genesis)* = hêlag drohtin *H., s. s.* 8. **243** willan
lǽstan *nur hier und* 727. **244** = sia uuârun gode lieba *H.* 19. 1258
(uuerde *M.*). **245** *vgl.* haldid hêlag gibod *H.* 1826. **247** handmægen *nur*

tône getrymede,   þǽm hê getrûwode wel
þæt hie his giongorscipe   fulgân wolden `
250 wyrcean his willan: forþon hê him gewit forgeaf
and mid his handum gesceôp   hâlig drihten.
Gesett hæfde hê hie swâ gesǽliglîce,   ǽnne hæfde hê swâ
swîðne geworhtne
swâ mihtigne on his môdgeþôhte: hê lêt hine swâ micles
wealdan
hêhstne tô him on heofona rîce.   Hæfde hê hine swâ hwîtne
geworhtne,
255 swâ wynlîc wæs his wæstm on heofonum   þæt him com
from weroda drihtne:
gelîc wæs hê þâm leóhtum steorrum;   lof sceolde hê drihtnes
wyrcean,
dŷran sceolde hê his dreámas on heofonum   and sceolde
his drihtne þancian
þæs leánes þe hê him on þâm leóhte gescerede,   þonne lête hê
his hine lange wealdan:
ac hê awende hit him tô wyrsan þinge,   ongan him winn
up ahebban `
260 wið þone hêhstan heofnes waldend,   þe siteð on þâm hâlgan
stôle;
deóre wæs he drihtne ûrum: ne mihte him bedyrned weorðan
þæt his engyl ongan   ofermôd wesan,

---

248 tene *corr. in* y*. getrymede *aus* i *corr.* 49 fulgân *Grein*] fy-
ligan.   50 him *corr. in* eo*.   59 ͤwende. ͤhebban.   60 waldend *corr.*
in ea*.   61 ure *corr. in* v̄*. weorðan *corr. in* y*.

hier und Andr. 725 = thurh iro (is) handmagen *H.* 730. 1445.   **248** than
thoh gitrûoda siu uuel... that is... hêleandero bezt helpan uueldi *H.* 2028;
thû mahtes gitrûoian uuel... that... 2952, *vgl. auch* 3114.   **249** giongorscipe
nur hier = iungarscepi *H.* 92. 110; *ebenso* geongordôm, *vgl. zu* 267.   **250** gewit
forgifan *nur hier, vgl.* hwâ meahte mê swelc gewit gifan 671 = *H.* im is
geuuit fargab *H.* 2280; hie gibit iu giuuit an briost 4711.   **251** = thene the
sie mid is handun gescôp *H.* 3608.   **256** lof wyrcean *nur noch Andr.* 1481
(?) *und mit anderer Bedeutung Wids.* 142. = uuaruhtun lof gode *H.* 81;
ähnl. 466. 810. 1289. 1985. 3725.   **258** on þâm leóhte *in dieser welt* 851;
ähnl. on his leóhte 508; on lifgendra leóhte *Ps.* 55, 11 = *H.* an them liohte
H. 466; an thesumu liohte 647. 1404. 1427 *u. o.*   **260** heofnes wealdend *noch*
300. 303. 673. 780. *Crist.* 555 = hebanes uualdand *H.* 1315. 2299. 3550. — stôl
als simplex nur G. 260. 273. 281. 300. 366. 566; *vgl.* thena is hêlagon stôl
H. 5975 *und einfaches* stôl 361. 1509.   **261** = ni mugun iuuuan uuord...

ahôf hine wið is hearran,   sôhte hetesprǽce,
gylpword ongeán,   nolde gode þeówian,
265 cwæð þæt his lîc wǽre   leóht and scêne,
hwît and hiowbeorht: ne meahte hê æt his hige findan
þæt hê gode wolde   geongerdôme
þeódne þeówian;   þûhte him sylfum
þæt hê mægyn and cræft   mâran hæfde
270 þonne se hâlga god   habban mihte
folcgestealna.   Feala worda gespræc
se engel ofermôdes: þôhte þurh his ânes cræft
hû hê him strenglîcran   stôl geworhte
heáhran on heofonum,   cwæð þæt hine his hige speóne
275 þæt hê west and norð   wyrcean ongunne
trymede getimbro,   cwæð him tweó þûhte
þæt hê gode wolde   geongra weorðan:
'Hwæt sceal ic winnan?' — cwæð hê — 'Nis mê wihte þearf
hearran tô habbanne: ic mæg mid handum swâ fela
280 wundra gewyrcean;   ic hæbbe geweald micel
tô gyrwanne   gôdlecran stôl
heárran on heofne.   Hwŷ sceal ic æfter his hyldo þeówian,
bûgan him swilces geongordômes?   Ic mæg wesan god swâ hê.
Bigstandað me strange geneátas,   þâ ne willað mê æt þâm
    strîðe geswîcan,

---

263 herran *corr. in* ea.   67 he *übergeschrieben.*   72 -gestælna.
74 heah:ran, o *ausradiert, das zweite* h *aus* n *corr.* speonne.   77 weorðan
übergeschrieben.   78 wihtæ.

mannun uuerden iuuua dâdi bidernit *H.* 1398.   **264** *vgl.* ahabid ina sô
hôho *H.* 5362. — hearra *Gen.* 279. 285. 294. 301. 339. 358. 506. 521. 542. 567.
579. 586. 625. 633. 654. 658. 664. 678. 726. 757. 764. 768. 819, *ausserdem nur*
Dan. 393. *Jud.* 56. *Byrhtn.* 204. *Eadw.* 32. *Im Heliand häufig.*   **265** *vgl.*
lîk uuas im scôni *H.* 199 *und* ni mahta suigli lioht scôni giscînan 5625.
267 geongordôm *nur Gen.* 267. 283. 662. 743 = iungardôm *H.* 1117. 3308. —
Ebenso giongorscipe, *s. zu* 249.   **269** *vgl.* eftha that hê giuuald mit gode
... mêron habdi *H.* 2876.   **274** *ähnlich* ôð hine his hyge forspeón 350
(*anders* ic Herodes in hyge bespeón *Jud.* 294), *vgl.* manega uuâron the sia
iro môd gespôn *H.* 1; thes sie an iro môd spenit 1354; ef hî ina lâtid is
môd spanen 1479.   **281** gôdlîc *nur noch* 740. *Rätsel* 84, 4, *im H. häufig.*
282 þeówian *æfter nur hier;* = mêr sculun gî aftar is huldi thionon *H.*
1472; ef gî uuilliad after is uuillion thionon 1686.   **283** *zu* 267.   **284** strîð
nur noch 572. 663, *dazu in der auffälligen form mit* ð; *im Hel. häufig;*

285 hæleðas heardmôde: hie habbað mê tô hearran gecorene
rôfe rincas: mid swilcum mæg man ræd geþencean
fôn mid swilcum folcgesteallan: frŷnd synd hie mîne georne,
holde on hyra hygesceaftum.   Ic mæg hyra hearra wesan,
rædan on þis rîce,   swâ mê þæt riht ne þinceð
290 þat ic ôleccan   âwiht þurfe
gode æfter gôde ænegum: ne wille ic leng his geongra wurðan.'
þâ hit se allwalda   eall gehŷrde
þæt his engyl ongan   ofermêde micel
ahebban wið his hearran   and spræc heálîc word
295 dollîce wið drihten sînne: sceolde hê þâ dæd ongyldan,
worc þæs gewinnes gedælan   and sceolde his wîte habban
ealra morðra mæst: swâ dêð monna gehwilc
þe wið his waldend   winnan ongynneð
mid mâne wið þone mæran drihten.   þâ wearð se mihtiga
gebolgen
300 hêhsta heofones waldend,   wearp hine of þâm heán stôle.
Hete hæfde hê æt his hearran gewunnen,   hyldo hæfde hê
his ferlorene,
gram wearð him se gôda on his môde: forþon he sceolde
grund gesêcean
heardes hellewîtes   þæs þe hê wann wið heofnes waldend.
Acwæð hine þâ fram his hyldo   and hine on helle wearp

---

300 þan.   2 : se.   4 vgl. 406.

daneben noch strîdhugi, strîdian, strîdig, während das wort im ágs. isoliert steht; vgl. noch zu 572.   **285** heardmôd nur hier = helid hardmôdig H. 3137. — tô hearran ceósan nur hier, = côs im thê cuninges thegn Crist te herron H. 1199.   **286** ræd geþencan nur hier und 561 þû meaht his þonne rûme ræd geþencan = that hê is mahti betaron râd ôðran githenkian H. 723.   **288** hygesceaft nur hier, in Hel. 14mal belegt; vgl. noch zu 586.   **295** dæd ongyldan nur hier; = sie sculun thea dâd antgelden H. 4418.   **297** vgl. ealra wîta mæste 393; ealra frêcna mæste 488; ealra folca mæst 670, sonst stets ohne den Zusatz von ealra, Grein II, 226 = allaro uuilliono mêsta H. 603. 5925; allaro giuuitteo mêst 848; allaro sango mêst 3709.   **299** mâri drohtin 1133. 4387. 4788. 4827; the mârio drohtin 2330.   **302** gram wesan oder weorðan c. dat. selten (Ps. 118, 38. Râtsel 72, 3) = than uuirdit thoh huê ôdrumu an is môde sô gram H. 1441; than uuirdid im uualdand gram mahtig môdag 1377; vgl. auch thê imu êr grame uuârun unholde an hugi 3719.   **303** zu 260.   **304** vgl. ac hê ina fon is huldî fordrêf H. 1107.   **305** vgl. 421; þæt

305 on þâ deópan dala,　　þǽr hê tô deófle wearð
se feónd mid his gefêrum eallum:　feollon þâ ufon of heofnum
þurh *swâ* longe　　swâ þreó niht and dagas
þâ englas of heofnum on helle,　　and heó ealle forsceôp
drihten tô deóflum,　　forþon heó his dǽd and word
310 noldon weorðian:　　forþon heó on wyrse leóht
under eorðan neoðan　　ǽllmihtig god
sette sigeleáse　　on þâ sweartan helle:
þǽr hæbbað heó on ǽfyn　　ungemet lange
ealra feónda gehwilc　　fŷr edneówe;
315 þonne cymð on ûhtan　　eásterne wind,
forst fyrnum cald,　　symble fŷr oððe gâr,
sum heard geswinc　　habban sceoldon:　　-
worhte man hit him tô wîte: hyra woruld wæs gehwŷrfed
forman sîðe,　　fylde helle
320 mid þâm andsacum.　　Heoldon englas forð
heofonrîces hêhðe　　þe ǽr godes hyldo gelǽston.
Lâgon þâ ôðre fŷnd on þâm fŷre　　þe ǽr swâ feala hæfdon
gewinnes wið heora waldend:　　wîte þoliað
hâtne heaðowelm　　helle tômiddes
325 brand and brâde lîgas,　　swilce eâc þâ biteran rêcas,
þrosm and þŷstro,　　forþon hie þegnscipe　　·
godes forgŷmdon:　　hie hyra gâl beswâc
engles oferhygd:　　noldon alwaldan
word weorðian,　　hæfdon wîte micel:
330 wǽron þâ befeallene　　fŷre tô botme

---

306 feollo*n aus* f *corr.* ufon *streicht Grein.*　　7 þurh swâ longe swâ
Grein, þurh longe þrâge swâ *Dietrich, vgl. s.* 17.　　8 of heofnum] ufon *Grein.*
9 forþon þe *Grein.*　　10 forþon *Grein*] forþon þe.　　17 geswinc *Thorpe*]
gewrinc.　　22 lagon *aus* a *corr.*　　26 þŷstro *aus* e *corr.*　　28 alwaldan
corr. in ea.*　　30 wæro, n *übergeschrieben.**

deópe dæl *Crist* 1532 = diap dôðes dalu *H.* 5170.　　**312** seó swearte hell
345. 529. 761. 792 = besinkodun is siola an thena suarton hel *H.* 3357.
316 fyrnum *mit einem adjectivum verbunden nur noch Gen.* 809. 832, *vgl.*
firinum tharf *H.* 2428. 3365.　　**320** *vgl.* haldan hôhgisetu *H.* 365; Herodes
biheld thâr craftagne kuningdôm 5251.　　**323** wîte þolian *Gen.* 367 = uuîti
tholoian *H.* 3016. 3096. 3379. 3590. 4183. 4784; *vgl. auch* 1347. 1535. 2933.
5379.　　**326** *vgl.* thimm endi thiustri endi so githrismod (githismod *hs.*) *H.*
5627. — þegnscipe *nur Gen.* 326. 744. 836 = *H.* 4574. 4668.　　**330** *vgl.* þæt
hê ûs hæfð befylled fŷre tô botme helle þǽre hâtan 361 *(die construction
nur an diesen beiden stellen belegt)* = bifelliad sia ina ferne te bodme an

on þâ hâtan hell   þurh hygeleáste
and þurh ofermêtto,   sôhton ôðer land:
þæt wæs leóhtes leás   and wæs lîges full,
fŷres fǽr micel.   Fŷnd ongeâton
335 þæt hie hæfdon gewrixled   wîta unrîm
  þurh heora miclan môd   and þurh miht godes
and þurh ofermêtto   ealra swîðost.

IV.

    Thâ spræc se ofermôda cyning   þe ǽr wæs engla scŷnost,
hwîtost on heofne   and his hearran leóf,
340 drihtne dŷre,   ôð hie tô dole wurdon,
þæt him for gâlscipe   god sylfa wearð
mihtig on môde yrre: wearp hine on þæt morðer innan
niðer on þæt nióbed   and sceôp him naman siððan,
cwæð þæt se hêhsta   hâtan sceolde
345 Satan siððan.   Hêt hine þære sweartan helle
grundes gŷman,   nalles wið god winnan.
Satan maðelode,   sorgiende spræc
se þe helle forð   healdan sceolde
  giéman þæs grundes —   wæs ǽr godes engel
350 hwît on heofne,   ôð hine his hyge forspeón
and his ofermêtto   ealra swîðost,
þæt hê ne wolde   wereda drihtnes
word wurðian —:   weoll him on innan
hyge ymb his heortan,   hât wæs him ûtan
355 wrâðlîc wîte.   Hê þâ worde cwæð:
  'Is þes ænga stede   ungelîc swîðe
þâm ôðrum   þe wê ær cûðon

---

331 helle *Dietrich*.   39 hwitost, *ein* t *übergeschrieben.** heofne *in* on
corr.*   43 þæt *übergeschrieben.**   49 gieman corr. in y.**   50 heofne *in*
on corr.**   56 þes *aus* æ corr. ænĭga* stȳde.**

thene hêtan hel *H.* 2510.   **331** seó hâte hell 362. 439 = *H.* 2511. 3388.
4446; *vgl.* hêto an ... helliu 3364. 3369.   **385** gewrixlan 'eintauschen, er-
werben' *nur hier* = habad sô giuuehslôd ... himilrîkeas gidêl *H.* 2486.
345 *zu* 312.   **350** *zu* 274.   **353** = thes uuell im an innan hugi um
(uuid *M*) is herta *H.* 3688.   **354** hyge ymb heortan 759.   **360** rômigan

heán on heofonríce,   þe mê mîn hearra onlâg,
þeah wê hine for þâm alwaldan   âgan ne môston
360 rômigan ûres ríces.   Næfð hê þeah riht gedôn
þæt hê ûs hæfð befælled   fýre tô botme
helle þære hâtan,   heofonríce benumen:
hafað hit gemearcod   mid moncynne
tô gesettanne.   þæt mê is sorga mæst
365 þæt Adam sceal   — þe wæs of eorðan geworht —
mînne stronglîcan   stôl behealdan,
wesan him on wynne   and wê þis wîte þolien
hearm on þisse helle.   Wâla âhte ic mînra handa geweald
and môste âne tîd   ûte weorðan,
370 wesan âne winterstunde,   þonne ic mid þýs werode ....
ac licgað mê ymbe   írenbendas,
rîdeð racentan sâl —   ic eom ríces leás —
habbað mê swâ hearde   helle clommas
fæste befangen.   Hêr is fýr micel
375 ufan and neoðone.   Ic â ne geseah
lâðran landscipe: lîg ne aswâmað
hât ofer helle.   Mê habbað hringa gespong,
slîðheardra sâl   sîðes amyrred,
afyrred mê mîn fêðe: fêt sint gebundene,
380 handa gehæfte,   synt þissa heldora
wegas forworhte,   swâ ic mid wihte ne mæg
of þissum lioðobendum.   Liegað mê ymbûtan
heardes îrenes   hâte geslægene
grindlas greáte,   mid þý mê god hafað
385 gehæfted be þâm healse,   swâ ic wât hê mînne hige cûðe .
and þæt wiste eác   weroda drihten
þæt sceolde unc Adame   yfele gewurðan
ymb þæt heofonríce   þær ic âhte mînra handa geweald.

---

358 on *nachgetragen.*   59 alwaldan *corr in ea.*   61 befælled *corr.*
in y.   71 :irenbenda.   77 habbað] hafoð? *Grein.*   82 ymbe *ausradiert*
und utan *darübergeschrieben.*

nur hier = ruomot te iuuues uualdandes rîkea *H.* 1554; rômod gî rehtoro
thingo 1688; *ähnl.* 3904. **361** *zu* 330. **363** *vgl.* huat hie te frumu mohti
mannon gimarcon *H.* 5278. **367** *vgl.* uuesan an uunniun *H.* 2012. 2739.
3354. 4726. — wîte þolian, *vgl. zu* 323. **374** fæste befangen *Beow.* 1295.
Crist 1158 = asto bifangan *H.* 43; *vgl. auch* 1238. 4268. **377** *zu* 331.

Ac þoliað wê nû þreâ on helle: þæt syndon þŷstro and hǽto,
390 grimme grundleáse; hafað ûs god sylfa
forswâpen on þâs sweartan mistas, swâ hê ûs ne mæg
ǽnige synne gestǽlan
þæt wê him on þâm lande lâð gefremedon: hê hæfð ûs þeah
þæs leóhtes bescyrede,
beworpen on ealra wîta mæste. Ne magon wê þæs wrace
gefremman,
geleânian mid lâðes wihte þæt hê ûs hafað þæs leóhtes
bescyrede:
395 Hê hæfð nû gemearcod ânne middangeard, þǽr hê hæfð
mon geworhtne
æfter his onlîcnesse, mid þâm hê wile eft gesettan
heofona rîce mid hlûttrum sâulum. Wê þæs sculon hycgan
georne
þæt wê on Adame, if wê ǽfre mǽgen,
and on his eafrum swâ some andan gebêtan,
400 onwendan him þǽr willan sînes, gif wê hit mǽgen wihte
aþencan.
Ne gelŷfe ic mê þæs leóhtes furðor þæs þe hê him þenceð
lange niótan
þæs eâdes mid his engla cræfte: Ne magon wê þæt on
aldre gewinnan
þæt wê mihtiges godes môd onwǽcen: uton ôðwendan hit
nu monna bearnum
þæt heofonrîce, nû wê hit habban ne môton, gedôn þæt
hie his hyldo forlǽten,
405 þæt hie þæt onwenden þæt hê mid his worde bebeâd. þonne
weorð hê him wrâð on môde,
ahwet hie from his hyldo. þonne sculon hie þâs helle sêcan
and þâs grimman grundas. þonne môton wê hie ûs tô gion-
grum habban
fira bearn on þissum fæstum clomme. Onginnað nû ymb þâ
fyrde þencean.
Gif ic ǽnegum þegne þeódenmâdmas

---

393 ne] nu *Dietrich, Grein.* 401 him *corr. in* eo.* niotan *corr. in* e.*

389 *vgl.* hêt endi thiustri *H.* 2145. 5169 *(gleichfalls von der hölle gesagt).*
391 *vgl.* hê ... Satanasan forsuuêp *H.* 1108. **393** *zu* 297. — wrace fram-

410 geâra forgeâfe,   þenden wê on þâm gôdan rîce
gesǽlige sǽton   and hæfdon ûra setla geweald,
þonne hê mê nâ on leófran tîd   leánum ne meahte
mîne gife gyldan,   gif his giên wolde
mînra þegna hwilc   geþafa wurðan,
415 þæt hê up heonon   ûte mihte
cuman þurh þâs clûstro   and hæfde cræft mid him
þæt hê mid feðerhoman   fleógan meahte
windan on wolcne   þǽr geworht stondað
Adam and Eve   on eorðrîce
420 mid welan bewunden,   and wê synd aworpene hiðer
on þâs deópan dalu: Nû hie drihtne synt
wurðran micle   and môton him þone welan âgan
þe wê on heofonrîce   habban sceoldon,
rîce mid rihte: is se rǽd gescyred
425 monna cynne.   þæt mê is on mînum môde swâ sâr,
on mînum hyge hreóweð   þæt hie heofonrîce
âgan tô aldre.   Gif hit eówer ǽnig mǽge
gewendan mid wihte,   þæt hie word godes
lâre forlǽten,   sôna hie him þê lâðran beóð,
430 gif hie brecað his gebodscipe.   þonne hê him abolgen wurðeð;
siððan bið him se wela onwended   and wyrð him wîte ge-
                                        garwod,
sum heard hearmscearu.   Hycgað his ealle

---

417 feðer- *aus* æ *corr.*   31 gegarwod *in* ea *corr.**

man *nur hier* = êr than ik is êniga uuraka frummie *H.* 3246.   **418** *vgl*
sume fleógende windað ofer wolcnum *Metra* 31, 12. wand ofer wolcnum
Ex. 80. wand tô wolcnum wælfŷra mǽst *Beov.* 1119 = thô sie eft te he-
banuuanga uundun thurh thiu uuolcan *H.* 415.   **421** *zu* 305.   **422** *vgl.*
thâr hê uuelon êhte, bû endi bodlos *H.* 2159.   **425** sâr on môde *Gen.* 1593.
2214. *Gn. ex.* 41 = thô uuard imu an innan sân ... sêr an is môde *H.* 4996;
that uuas Satanase sêr an muode, ʻtulgo harm an is hugie 1042.   **426** on hyge
hreówan *nur noch* 826 ▬ ôdo beginnad imu than is uuerk tregan, an is
hugi hreuuen *H.* 3233; *vgl.* thiu môder aftar geng an iro hugi hriuuig 2183;
uuid uualdand sprak an iro hugi hriuuig 4029; uuard imu hugi hriuuig 3094.
428 = that ic on mînumu hugi ni gidar uuendean mid uuihti *H.* 220.
429 þê lâðran beóð *nur hier* = ne lât thû sie thî thiu lêdaron, thoh ...
H. 323.   **430** gebodscipe *nur hier*, bodscipe *nur Gen.* 552. 783 = gibod-
skepi *H.* 8. 301. 1909. 2264. 2660. 2666; bodskepi *H.* 138. 341. 424. 651. 895.
432 hearmscearu *nur noch Gen.* 781. 829 = hard harmskara *H.* 240.

hû gê hî beswîcen! Siðða̍n ic mê sôfte mæg
restan ou þyssum racentum, gif him þæt rîce losað.
435 Se þe þæt gelæsted, him bið leán gearo
æfter tô aldre, þæs wê hêr inne magon
on þyssum fŷre forð fremena gewinnan:
Sittan læte ic hine wið mê sylfne swâ hwâ swâ þæt secgan
cymeð
on þâs hâtan helle þæt hie heofoncyninges
440 unwurðlîce wordum and dædum
lâre *forlêton and wurdon lâð gode.*'

V.

Angan hine þâ gyrwan godes andsaca
fûs on frætwum — hæfde fæcne hyge —,
hæleðhelm on heáfod asette and þone ful hearde geband,
445 spenn mid spangum — wiste him spræca fela
wôra worda —, wand him up þanon,
hwearf him þurh þâ helldora — hæfde hyge strangne —,
leolc on lyfte lâðwendemôd,
swang þæt fŷr ontwâ feóndes cræfte:
450 wolde dearnunga drihtnes geongran
mid mândædum men beswîcan,
forlædan and forlæran þæt hie wurden lâð gode.
Hê þâ geferde þurh feóndes cræft
ôð þæt hie Adam on eorðrîce
455 godes handgesceaft gearone funde

---

433 sôfte *Grein*] feste. 44 fu*l corr. in ll.* 51 gefer:de, e *ausradiert.*

436 æfter tô aldre *nur hier* (*Grein* I, 54) = after an aldre *H.* 142. **438** swâ
hwâ swâ *nur Gen.* 438. 483; swâ hwæt swâ *Gen.* 755 = *alts.* sô huê sô, sô
huat sô. **439** *zu* 331. **442** = sum biginnit ina giriuuan sân an is kin-
diski *H.* 3450. **443** fæcne hyge *nur hier* = habdun im fêcnien hugi *H.*
1230; thoh hebbead sie fêcnan hugi 1739; *auch die construction mit* habban
und die parenthetische satzform ist unserm bruchstück und dem Hel. eigen-
tümlich, vgl. noch hæfde hyge strangne 447 *und Hel.* 73. 1238. 3541. 4263.
5057 *u. ö.* **444** *Das wort* hæleðhelm *kommt ausser hier nur noch Walf.*
45 *vor:* mid þâm hê... heoloðhelme biþeaht helle sêceð. *Ganz ähnlich wie*
an unserer stelle dient auch H. 5449 *ff. der* helithhelm *dem Satan zur aus-*
führung zauberhafter berückung: that uuîf uuarth thuo an forahton... thuo
iru thiu gisiuni quâmun thuru thes dernien dâd an dages liohte an helith-
helme bihelid. **447** *zu* 443. **458** *vgl.* huat uualdand god habit guodes

wîslîce geworht   and his wîf somed
freố fǣgroste,   swâ hie fela cûðon
gôdes gegearwigean   þâ him to gingran self
metot mancynnes   mearcode selfa;
460 and him bî twêgin   beámas stôdon,
þâ wǣron ûtan   ofǣtes gehlǣdene,
gewered mid wǣstme,   swâ hie waldend god
heáh heofoncyning   handum gesette,
þæt þǣr yldo bearn   môste on ceósan
465 gôdes and yfeles   gumena ǣghwilc
welan and wâwau.   Nǣs se wǣstm gelîc:
ôðer wæs swâ 'wynlîc,   wlitig and scêne,
lîðe and lofsum: þæt wæs lîfes beám;
môste on êcnisse   æfter lybban,
470 wesan on worulde   se þæs wǣstmes onbât,
swâ him æfter þŷ   yldo ne derede
ne suht swâre,   ac môste symle wesan
lungre on lustum   and his lîf âgan,
hyldo heofoncyninges   hêr on worulde habban:
475 him tô wǣron witode   *tîres* geþingðo
on þone heán heofon,   þonne hê heonon wende.
þonne wæs se ôðer   eallenga sweart,
dim and þŷstre: þæt wæs deáðes beám;

---

459 metod *Grein.*   60 twegin *corr. in* e.**   73 agan *aus* o *corr.*
74 habban *möchte Grein streichen.*   75 witodȩ** geþing þº, *die beiden letz-
ten buchstaben auf rasur;* tîres *von Grein ergánzt.*   76 hê] heo.

gigereuuid *H.* 2534.   **459** *áhnlich* hæfde hire wâcran hige metod gemearcod 357; *vgl.* sô habed im uurdgiscapu metod gimarcod *H.* 128.   **462** waldend god *ist ags. ziemlich selten:* Gen. 521. 551. *Men.* 56. *El.* 4. *Ps,* 56, 2.
67, 16. (*daneben massenhafte andere verwendungen und verbindungen von*
wealdend, *Grein* II, 670 *f.*) = uualdand god *H.* 20. 98. 645. 1402. 1614. 1618.
1622. 1658. 1907. 1959 *u. ð., stets den versschluss bildend, wie auch im ags.*
Gen. 462. 521. 551. *El.* 4.   **463** = thes hôhon hebancuninges *H.* 266.
468 lofsum *nur hier* = alloro lîðo lofsamost *H.* 2063.   **472** suht swâre *nur*
hier = suâra suhti *H.* 1843. 4428; *vgl. auch* 1215.   **473** wesan on lustum
nach Grein II, 197 *vol nur hier* = uuesan an lustun *H.* 2006. 2743. 4724;
vgl. auch 1147. 2151. 2765. 2861. 4484.   **474** hyldo heofoncyninges *Gen.*
712 (*vgl. auch* 659 *und zu* 567). *Hymn.* 4, 29 = huldi hebancuninges *H.* 902,
vgl. 691. 1120. 1472.   **476** = endi geld nimid hôh himilrîki than hie hinan
nuendit *H.* 3489; *vgl.* that thû thînan holdan scalc nû hinan huerban lâtas
482.   **478** dim and þŷstre *nur hier* = thimm endi thiustri *H.* 5627.

se bær bittres fela: sceolde bû witan
480 ylda æghwilc yfles and gôdes
gewand on þisse worulde: sceolde on wîte â
mid swâte and mid sorgum siððan libban
swâ hwâ swâ gebyrgde þæs on þâm beáme geweóx:
scolde hine yldo beniman ellendæda,
485 dreámas and drihtscipes and him beón deáð scyred;
lytle hwîle sceolde hê his lîfes niótan,
sêcan þonne landa sweartost on fŷre,
sceolde feóndum þeówian: þær is ealra frêcna mæste
leódum tô langre hwîle. þæt wiste se lâða georne
490 dyrne deófles boda þe wið drihtne wann.
Wearp hine þâ on wyrmes lîc and wand him þâ ymbûtan
þone deáðes beám þurh deófles cræft,
genam þær þæs ofætes and wende hine eft þanon
þær hê wiste handgeweorc heofoncyninges.
495 Ongon hine þâ frînan forman worde
se lâða mid ligenum: 'Langað þê âwuht,
Adam, up te gode? Ic eom on his ærende hider
feorran gefêred: Ne þæt nû fyrn ne wæs
þæt ic wið hine sylfne sæt. þâ hêt hê mê on þysne sîð faran,
500 hêt þæt þû þisses ofætes æte, cwæð þæt þîn abal and cræft

---

481 gewand *beschaffenheit* = ahd. giuuant(a) *Graff* I, 762] gewaṅd *hs. corr. dritter hand;* gewanod *als particip Grein.*

483 *zu* 438. **484** = habad unc eldi binoman elleandâdi *H.* 151. **488** *zu* 297. **489** tô langre hwîle *nur hier* = te langaru huîlu *H.* 1243. 1624. **493** = uuende imu eft thanen *H.* 3293. liet sia eft gihaldana thanan uuendan an iro uuilleon 2226. **495** = hêr quam gibod godes ... furmon uuordu, gibôd that ... *H.* 217. **496** *Das wort* lygen *nur Gen.* 496. 531. 588. 598. 601. 630. 647 (*statt des ags.* lyge) = lugina *H.* 1037. 5079. 5891. — *Vgl. zu* 598. 699. **497** up tô gode, *vgl.* up te gode *H.* 1638. 5633 *und unten zu* 544. — *Die construction nur hier* = that hê mê an is ârundi huarod sendean uuillea *H.* 121; *ähnl.* 3966; *vgl. unten zu* 509. **498** *Die formel* feorran fêran *ist ziemlich selten* (*Andr.* 265. *El.* 993. *Sal.* 178; *vgl. Beow.* 3113), *gewöhnlicher heisst es* feorran cuman; *vgl.* ferran gifarana *H.* 633. — *Die verwendung von* fyrn *in dieser weise, in einem selbständigen satze, findet sich nur an dieser stelle,* = ni that nu furn ni uuas that sia thik thînero uuordo uuîtnon hogdun *H.* 3988; *vgl.* forn uuas that giû 570. — on sîð faran *nur hier und* 514 = nû hiet hê mê an thesan sîd faran, hiet that ic thî gicûddi that ... *H.* 122; thô hêt hê sie an thana sîd faran, hêt that sie ira ârundi al underfundin 637. nû sculun gî aṇ thana sîd faran 1888; *ähnlich*

and þîn môdsefa   mâra wurde

and þîn lîchoma   leóhtra micle,

þîn gesceapu scênran;   cwæð þæt þê æniges sceates þearf

ne wurde on worulde.   Nû þû willan hæfst

505 hyldo geworhte   heofoncyninges,

tô þance geþênod   þînum hearran,

hæfst þê wið drihten dŷrne geworhtne: ic gehŷrde hine

þîne dæd and word

lofian on his leóhte   and ymb þîn lîf sprecan:

Swâ þû læstan scealt   þæt on þis land hider

510 his bodan bringað: Brâde synd on worulde

grêne geardas   and god wîteð

on þâm hêhstan   heofna rîce

---

506 hearan.   9 þ's.   11 witeð] siteð *Bouterwek.*

1627. 1927. 4007.   **505** hyldo wyrcean *nur Gen.* 505. 712. 726 = huldi giuuirkean *H.* 692. 901.   **506** tô þance geþênian *nur hier* (tô þance *allein*
Beow. 379. *Andr.* 1114. *Guthl.* 96) = siu habde ira drohtine uuel githionod
te thanke *H.* 506. that hê... uualdandgode te thanke getheono 1659. thô
thiu magad habda githionod te thanke thiodcuninge 2767.   **508** zu 258.
509 on þis land hider *wie oben* on his ærende hider 497. *Dergleichen
formelhafte umschreibungen des zieles oder der richtung (nach einem verbum der bewegung) durch eine substantivische wendung und eine nach-
gesetzte, stets den versschluss bildende richtungspartikel finden sich im ags.
sonst nicht, wol aber oft im Heliand:* that hê mê an is ârundi huarod sendean uuillea 121; ne quam ic thî tê ênigun frêson herod 263; thit erdrîki
herod ... sôkean 376; giuuitun im te Bethleem thanan 424; quâmun ...
obar that land tharod 544; uuî gengun aftar them bôcne herod 602; giuuêt
im an than sîd thanen 712. 2158; ik bium an is bodskepi herod ...
cumen 895; scrîd thî te erdu hinan 1085; thêm the hê 'te theru sprâcu
tharod ... gecoran habda 1296; ni quam ik undar thesa theoda herod 3533.
thuo giuuêt im obar thia fluod thanan 4010; ina te burg hinan lêdien 4822;
im eft te burg thanan ... fôrun 5980. *Dagegen ist die verbindung zweier
partikeln oder partikelähnlicher ausdrücke zu einer solchen umschreibung
(in unserem text belegt durch* up heonan 415; up þanon 446 *und* eâsten
hider 555) *auch im ags. sehr gewöhnlich:* feor hider *Byrhtn.* 57; feor heonan
G. 227. 2513. *Phön.* 1. *Beow.* 1061; feor þanon *Beow.* 1805. 1921. *Phön.* 415;
fyr heonan *Beow.* 252; feorran þyder *Andr.* 282; forð heonan *Exod.* 257.
Crist 282. *Ps.* 118, 24. 31. *Kreuz* 132; forð þanon *Beow.* 1632. *Metra* 17, 28;
up heonan *Sat.* 397; up þanon *Sat.* 327. 365; ût heonan *Jul.* 283; ût þanon
C. 1292. 2445; sûð heonan *Botsch.* 26; sûð þanon *Gen.* 1966. 2096; eâsten
hider *Aethelst.* 69; hâm þanon *Beow.* 1601. *El.* 143. 148; onweg þanon *Beow.*
763. 844; *im Heliand:* forth thanan 3351. 5870. forth hinan 5863. 5865; up
þanan 3364. 4448. 5974; ût thanan 3878. 5971; ôstar hinan 571.   **512** þæs

ufan alwalda: nele þâ earfeðu

sylfa habban,   þæt hê on þysne sîð fare

515 gumena drihten,   ac hê his gingran sent

tô þînre sprǽce.   Nû hê þê mid spellum hêt

listas lǽran: Lǽste þû georne

his ambyhto: nim þê þis ofæt on hand,

bît hit and byrge: þê weorð on þînum breóstum rûm,

520 wæstm þŷ wlitegra: þê sende waldend god

þîn hearra þâs helpe   of heofonrîce.'

     Adam maðelode   þǽr hê on eorðan stôd

selfsceafte guma: 'þonne ic sigedrihten,

mihtigne god   mæðlan gehŷrde

525 strangre stemne   and hê̂ mê hêr stondan hêt,

his bebodu healdan   and mê þâs brŷd forgeaf

wlitesciéne wîf   and mê warnian hêt

þæt ic on þonc deáðes beâm   bedroren ne wurde,

beswicen tô swîðe: hê cwæð þæt þâ sweartan helle

530 healdan sceolde   se þe bî his heortan wuht

lâðes gelǽde.   Nât þeah þû mid ligenum fare

þurh dyrne geþanc,   þe þû drihtnes eart

boda of heofnum.   Hwæt, ic þînra bysna ne mæg

worda ne wîsna   wuht oncnâwan

535 sîðes ne sagona.   Ic wât hwæt hê mê self bebeád

nergend ûser,   þâ ic hine nêhst geseah:

hê hêt mê his word weorðian   and wel healdan,

lǽstan his lâre.   þû gelîc ne bist

ǽnegum his engla   þe ic ǽr geseah,

---

519 byrige.

hêhstan heofonrîces weard *Ps.* 90, 1 = an them hôhostun himilo rîkea *H.* 419 (*vollständiger vers*).   **514** *zu* 498.   **518** ambyht lǽstan *nur hier* = thie im sîdor iungardôm scoldun ambahtscepi aftar lêstien *H.* 1118.   **520** *zu* 462.   **521** *vgl.* helpa fan himila *H.* 11. 1902.   **527** wlitesciéne wîf *nur hier* = uulitiscôni uuîb *H.* 5829.   **529** *zu* 312.   **531** *zu* 496.   **534** *Die formel* word and wîse *nur hier* = nis mî hugi tuîfli, ne uuord ne uuîsa *H.* 288; thea in gitriuuiston ... uuârun bi uuordun endi bi uuîsun 4558; that mugun uuî an thînumu gibârie gisehan, an thînun uuordun endi an thînaru uuîson 4973. **537** *vgl.* thû scalt sie uuel haldan *H.* 327; *ähnl.* 130. 317. 320. 322.   **538** lâre lǽstan *noch Gen.* 572. 576. 614. 619. 650. 772, *sonst verhältnismässig selten: Gen.* 2169. *Andr.* 1426. 1655. *El.* 368 = lêra lêstan *H.* 187. 959. 1369.

540 ne þû mê ôðiéwest   ænig tâcen
   þe hê mê þurh treówe   tô onsende
   mîn hearra þurh hyldo.   þŷ ic þê hŷran ne cann,
   ac þû meaht þê forð faran.   Ic hæbbe mê fæstne geleáfan
   up tô þâm ælmihtegan gode,   þe mê mid his earmum worhte
545 hêr mid handum sînum.   Hê mæg mê of his heán rîce
   geofian mid gôda gehwilcum,   þeah hê his gingran ne sende.'
   Wende hine wrâðmôd   þær hê þæt wîf geseah
   on eorðrîce   Evan stondan
   sceóne gesceapene,   cwæð þæt sceaðena mæst
550 eallum heora eaforum   æfter siððan
   wurde on worulde: 'Ic wât, inc waldend god
   abolgen wyrð,   swâ ic him þisne bodscipe
   selfa secge,   þonne ic of þŷs sîðe cume
   ofer langne weg,   þæt git ne læstan wel
555 hwilc ærende   swâ hê eásten hider
   on þysne sîð sendeð.   Nû sceal he sylf faran
   tô incre andsware: ne mæg his ærende
   his boda beodan: þŷ ic wât þæt hê inc abolgen wyrð
   mihtig on môde.   Gif þû þeah mînum wilt
560 wîf willende   wordum hŷran,
   þû meaht his þonne rûme   ræd geþencan.
   Gehyge on þînum breóstum   þæt þû inc bâm twâm meaht

---

540 me nẹ.   44 þā:, n *ausradiert.*   46 geofian *corr. in* y.

1629. 1942. 2449 *u. ô.* **540** tâcen ôðiéwan *nur Gen.* 540. 653. 714. 774 *(an-nähernd noch* þæt bið foretâcna mæst þâra þe ... gewurde monnum ôðŷwed *Crist* 895, *wo aber keine* [*alliterirende*] *formel vorliegt*) = êr than hê thâr têcan ênig tôgean uueldi *H.* 844; *ähnlich* 2350. 5680 *und* 2076. 3114 *mit voll-ständiger alliteration.* **544** up tô þâm ælmihtegan gode *nur hier* = so huuê sô habad hlûttra treuua up te them alomahtigon gode *H.* 903; that man bedôn scoldi up te them alomahtigon gode 1110; *vgl. zu* 497. **546** geofian *belegt Grein* I, 497 *in andrer construction einmal aus der Sachsenchronik, vgl. dagegen* than uuili iu thê rîkeo drohtîn gebôn mid allaro gôdo gehuui-licu *H.* 1689. — *Zur zweiten vershälfte vgl.* that hê eft an is môdsebon godes ni forgâti than hê im eft sendi is iungron tô *H.* 241 f. **547** wrâð-môd *nur hier und* 815 = uurêdmôd *H.* 5210. **551** *zu* 462. **552** bodscipe, *vgl. zu* 430. **554** ofer langne weg *nur hier und* 690 (*vgl.* on longne weg *Guthl.* 1153; on langne sîð *Gen.* 68. *Dan.* 68. *Phön.* 555.) = obar langan uueg *H.* 3753 (an langan uueg 544). **555** *zu* 509. **556** þæt hê mê on þisne sîð sendan wolde *Höll.* 27 (*anders Gen.* 68). **559** *vgl.* sô duot eft manno sô huilic sô thesun mînun ni uuili lêrun hôrien *H.* 1815. **561** *zu* 286. **563** *zu*

wîte bewarigan, swâ ic þê wîsie:

æt þisses ofætes: þonne wurðað þîn eágan swâ leóht

565 þæt þû meaht swâ wîde ofer woruld ealle

geseón siððan and selfes stôl

herran þînes and habban his hyldo forð.

Meaht þû Adame eft gestŷran,

gif þû his willan hæfst and hê þînum wordum getrŷwð;

570 gif þû him tô sôðe sægst hwylce þû selfa hæfst

bisne on breóstum, þæs þû gebod godes

lâre læstes, hê þone lâðan strîð,

yfel andwyrde ân forlæteð

on breóstcofan, swâ wit him bûtû

575 an spêd sprecað. Span þû hine georne

þæt hê þîne lâre læste, þŷ læs gyt lâð gode

incrum waldende weorðan þyrfen.

Gif þû þæt angin fremest, idesa seó betste,

forhele ic incrum herran þæt hê mê hearmes swâ fela

580 Adam gespræc eargra worda,

tŷhð me untryówða, cwyð þæt ic seó teónum georn,

gramum ambyhtsecg, nales godes engel.

Ac ic cann ealle swá geare engla gebyrdo,

heáh heofona gehlidu: wæs seó hwîl þæs lang

585 þæt ic geornlîce gode þegnode

þurh holdne hyge herran mînum

drihtne selfum: ne eom ic deófle gelîc.'

Lædde hie swâ mid ligenum and mid listum speón

idese on þæt unriht, ôð þæt hire on innan ongan

---

236. **566** zu 260. **567** hyldo habban *nur noch Gen.* 474. 625, *an letz-
terer stelle gerade wie hier* habban his hyldo forð == is uueroldherron huldi
habbien *H.* 3222; that ik môti thîna ford ‖ huldi hebbian 4518; *vgl. auch*
that sie môstin is huldi ford ‖ giuuirkean 691. **569** wordum trûwian *nur
Gen.* 569. 613. 649 (*denn Ps.* 118, 74 *ist wol nach massgabe von Ps.* 118, 147.
129, 5 *und der übrigen von Grein* I, 465 *f. belegten stellen* on *zu ergänzen;
ausserdem ist die bedeutung* 'speravi' *dort abweichend*) == sia ni uueldun
gitrûoian thuo noh thes uuîbes uuordun *H.* 5943. **572** zu 538. — *Ueber*
lâðan strîð *vgl. zu* 284 *und* lâðlîc strîð 663 == lêdan strîd *H.* 2341. 4267.
576 zu 538. **578** zu 612 == an allaro baðo them bezton *H.* 981; barno
that bezte 3712. 5306. 5519. 5686; manno thê bezto 5249. **579** hearm gesprecan *nur hier und* 661 == hê ni uuelde is thô ênigen harm spreken *H.*
2807. — hearma swâ fela ‖ 708 == harmes sô filu ‖ *H.* 5183. **582** *vgl.* godes
ambahtman *H.* 2699. **586** holdne hyge 654. 708, *vgl.* an ûsumu hugi holde
H. 2423; unholda an hugie 3720. **589** *vgl.* sô huilik sô thâr an unreht idis

590 weallan wyrmes geþeaht — hæfde hire wâcran hige
    metod gemearcod —, þæt heó hire môd ongan
    lǽtan æfter þâm lârum: forþon heó æt þâm lâðan onfeng
    ofer drihtnes word   deáðes beámes
    weorcsumne wæstm.   Ne wearð wyrse dǽd
595 monnum gemearcod.   þæt is micel wundor
    þæt hit êce god   ǽfre wolde
    þeóden þolian   þæt wurde þegn swâ monig
    forlǽdd be þâm lygenum   þe for þâm lârum com.
    Heó þâ þæs ofætes æt: alwaldan bræc
600 word and willan.   þâ meahte heó wîde geseón
    þurh þæs lâðan lǽn   þe hie mid ligenum beswâc,
    dearnunga bedrôg,   þe hire for his dǽdum com,
    þæt hire þûhte hwître   heofon and eorðe
    and eall þeós woruld wlitigre   and geweorc godes
605 micel and mihtig,   þeah heó hit þurh monnes geþeaht
    ne sceáwode,   ac se sceaða georne
    swicode ymb þâ sâwle   þe hire ǽr þâ siéne onlâh,
    þæt heó swâ wîde   wlîtan meahte
    ofer heofonrîce.   þâ se forhâtena spræc
610 þurh feóndscipe   — nalles hê hie freme lǽrde —:
    'þû meaht nû þê self geseón,   swâ ic hit þê secgan ne þearf,
    Eve seó gôdc,   þæt þê is ungelîc
    wlite and wæstmas,   siððan þû mînum wordum getrûwodest,
    lǽstes mîne lâre.   Nû scîneð þê leóht fore
615 glædlîc ongeán,   þe ic from gode brôhte

---

603 þuht:e.   10 feon[d]scipe.

gihîuuida *H.* 308.   **590** wâc *vom geiste gebraucht nur noch unten* 649 = uuêc hugi *H.* 262. 5800.   **591** *zu* 459. — *Die verbindung* môd lǽtan *nur hier, vgl.* sum habit all te thiu is muod gilâtan ... huô hie that hord bihalde *H.* 2517.   **595** *vgl.* huat hie te frumu mahti mannon gimarcon 5279.   **598** *vgl. zu* 496; forlǽd mid ligenum 630 (*vgl. auch* 588. 601. 647) = Adaman endi Evam ... forlêdda mid is luginun 1037.   **601** *zu* 496.   **602** bedrôg *ist* ἄπ. λεγ. *und vielleicht eine stehengebliebene alts. form zu* driogan, *vgl. zu* 771; *(Grein setzt I,* 82 *einen inf.* bedragan *an)* = hê Adaman an êrdagun darnungo bidrôg, ... bisuuêc ina mid sundiun ... *H.* 1047.   **610** freme lêran *nur hier* = lêread gî liudio barn ... fruma forðuuardes *H.* 1850.   **612** *vgl.* herra se gôda 678; waldend se gôda 850; waldend þone gôdan 817; *sonst nur noch* biscop se gôda *Eadg.* 34; *im Hel. sind ähnliche verbindungen nach Heyne's glossar s. v.* gôd *etwa* 28 *mal belegt; vgl. auch zu* 578.   **613** *zu* 569.   **614** *zu* 538. — *Vgl.* than skînid thî lioht biforan *H.* 1708.

hwît of heofonum: nû þû his hrînan meabt.

Sæge Adame hwilce þû gesihðe hæfst

þurh mînne cime cræfta. Gif giet þurh cûscne siodo

læst mîna lâra, þonne gife ic him þæs leóhtes genôg

620 þæs ic þê swâ gôdes gegired hæbbe;

ne wîte ic him þâ womcwidas, þeah hê his wyrðe ne sîe

tô alætanne þæs fela hê mê lâðes spræc.

Swâ his eaforan sculon æfter lybban:

þonne hie lâð gedôð, hie sculon lufe wyrcean,

625 bêtan heora hearran hearmcwyde ond habban his hyldo forð.'

þâ gieng tô Adame idesa scênost,

wîfa wlitegost þe on woruld côme,

forþon heó wæs handgeweorc heofoncyninges,

þeah heó þâ dearnenga fordôn wurde

630 forlæd mid ligenum, þæt hie lâð gode

þurh þæs wrâðan geþanc weorðan sceoldon,

þurh þæs deófles searo dôm forlætan,

hierran hyldo, hefonrîces þolian

monige hwîle: bið þâm men full wâ

635 þe hine ne warnað, þonne hê his geweald hafað.

Sum heó hire æt handum bær, sum hire æt heortan læg

æppel unsælga þone hire ær forbeád

drihtna drihten, deáðbeámes ofet,

and þæt word acwæð wuldres aldor

640 þæt þæt micle morð menn ne þorfton

þegnas þolian, ac hê þeóda gehwâm

hefonrîce forgeaf hâlig drihten

wîdbrâdne welan, gif hie þone wæstm ân

---

623 his *Thorpe*] hire.   26 gien.   31 sceoldon *aus* e *corr.*

619 *zu* 538.   **622** lâð sprecan *nur hier* = thes iu ... liudi ... lêd sprecan *H.*
1337; hie habit ûs sô filo lêthes gisprokan 5377.   **625** *zu* 567.   **626** *f.*
idesa scênost *nur noch* 704. 821; idese sciéne 701; wîfa wlitegost *nur* 627.
701. 822, *also dreimal beide formeln verbunden* = idiso scôniost *H.* 2032
(*vgl.* uuîbo, frio scôniost 379. 438. 2017); *beide formeln* idiso scôniost
allaro uuîbo uulitigost *H.* 271 *f.*   **630** *zu* 598. . **633** hearran hyldo *nur*
hier (*vgl. zu* 264) = sô huuilic sô thes herran uuili huldi githionôn *H.* 1171.
te is frâhon kuman, herron huldi 5008; *vgl. auch* thiggean scoldun herron is
huldi 100; thionon ... herron aftur is huldi 1120 *und* endi ôk is uueroldherron ‖ huldi habbien 3223.   **641** = ên himilrîki gibid hê allun theodun
H. 3508.   **643** uuîdbrâd *nur hier* = uuîdbrêdan uuelan *H.* 1840. 2120.

    lǽtan woldon   þe þæt lâðtreów
645 on his bôgum bær   bittre gefylled:
    þæt wæs deáðes beâm   þe him drihten forbeád.
    Forlêc hie þâ mid ligenum   se wæs lâð gode,
    on hete heofoncyninges   and hyge Evan
    wîfes wâcgeþôht,   þæt heó ongann his wordum trûwian,
650 lǽstan his lâre   and geleáfan nom
    þæt hê þâ bysene from gode   brungen hæfde
    þe hê hire swâ wǽrlîce   wordum sægde,
    iéwde hire tâcen   and treówa gehêt,
    his holdne hyge.   þâ heó tô hire hearran spræc:
655 'Adam freá mîn,   þis ofet is swâ swête,
    blîð on breóstum   and þes boda sciéne,
    godes engel gôd: ic on his gearwan geseó
    þæt hê is ǽrendsecg   uncres hearran,
    hefoncyninges: his hyldo is unc betere
660 tô gewinnanne   þonne his wiðermêdo.
    Gif þû him heódæg wuht   harmes gesprǽce,
    hê forgifð hit þeah,   gif wit him geongordôm
    lǽstan willað.   Hwæt scal þê swâ lâðlîc strîð
    wið þînes hearran bodan?   Unc is his hyldo þearf:
665 hê mæg unc ǽrendian   tô þâm alwaldan
    heofoncyninge.   Ic mæg heonon geseón
    hwǽr hê sylf siteð   — þæt is sûð and eást —
    welan bewunden   se þâs woruld gesceôp:
    geseó ic him his englas   ymbe hweorfan
670 mið feðerhaman   ealra folca mǽst,
    wereda wynsumast.   Hwâ meahte mê swelc gewit gifan,

---

661 gespręce.   67 hᵂær.

647 *zu* 496 *und* 598.   **649** *zu* 569.   **650** *zu* 538.   **652** wǽrlîce *nur hier*
= hêt ina uuârlîco uuordun seggean *H.* 868; *vgl.* sô ic mid mînun hêr suuîdo
uuârlîco scal uuordun gebeodan 1520; *s. zu* 681.   **653** *zu* 540.   **654** *zu* 586.
656 blîðe on breóstum 751 = blîdi an is (iro) briostun *H.* 474. 666. 2738.
3542.   **661** heódæg *nur hier* = *alts.* hiudu. — *Zu* 579.   **662** *zu* 267, *vgl.*
speciell thea im sîdor iungardôm scoldun ambahtscepi aftar lêstien *H.* 1117.
663 *zu* 572.   **664** hyldo þearf *nur hier* = ûs is thînoro huldi tharf *H.* 1588.
665 ǽrendian *nur hier* = habda thô giârundid (giârundeod *C*) *H.* 2157.
668 se þâs world gescôp *Crist* 659 (þâs eorðan *Gen.* 219, þâs foldan *Hymn.*
11, 10. 20, 247) = them the thesa uuerold giscôp *H.* 811. 4092; thuo hie êrist
thesa uuerold giscôp *H.* 39.   **670** *zu* 297.   **671** *zu* 250. — *Vgl. auch* sulic

gif hit gegnunga god ne onsende
heofones waldend? Gehŷran mæg ic rûme
and swâ wîde geseón on woruld ealle
675 ofer þâs sîdan gesceaft. Ic mæg swegles gamen
gehŷran on heofnum. Wearð mê on hyge swâ leóhte
ûtan and innan, siððan ic þæs ofætes onbât.
Nû hæbbe ic his hêr on handa, herra se gôda,
gife ic hit þê georne: ic gelŷfe þæt hit from gode côme,
680 brôht from his bysene, þæs mê þes boda sægde
wærum wordum: hit nis wuhte gelîc
elles on eorðan, bûton swâ þes âr sægeð,
þæt hit gegnunga from gode côme.'
Heó spræc him þicce tô and speón hine ealne dæg
685 on þâ dimman dæd, þæt hie drihtnes heora
willan bræcon. Stôd se wrâða boda,
legde him lustas on and mid listum speón,
fylgde him frêcne: wæs se feónd full neáh
þe on þâ frêcnan fyrd gefaren hæfde
690 ofer langne weg, leóde hogode
on þæt micle morð men forweorpan,
forlæran and forlædan, þæt hie læn godes,
ælmihtiges gife ân forlêten
heofonrîces geweald. Hwæt, se hellsceaða
695 gearwe wiste þæt hie godes yrre
habban sceoldon, and hellgeþwing,
þone nearwan nîð niéde onfôn,
siððan hie gebod godes forbrocen hæfdon,
þâ hê forlærde mid ligenwordum

---

696 -geþwin:, g *ausradiert*.

giuuit *H.* 850. 2881. **672** = that ina ûs gegnungo god fon himila selbo
sendi *H.* 213; *vgl. zu* 683. **673** *zu* 260. **676** *vgl.* mid leohtu hugi *H.* 290.
678 *zu* 612. **679** *vgl.* ic gelôbiu that thû geuuald habas *H.* 2107; ic gilôbiu
that thû thê uuâro bist 4061. **681** wær *adj. nur hier* = uuârun uuordun
H. 445. 569. 1447. 1503. 1832. 1933. 2280. 3104. 3851, *mit* seggian *verbunden*
1362. 1390. 4042. 44b7. 5840. — (*Vgl.* ni bium ik mid uuihti gilîk drohtine
mînumu *H.* 935). **683** = ac it gegnungo fan gode alouualdon kumid *H.*
3937; *vgl. zu* 672. **684** þicce *in der bedeutung* 'oft' *nur hier* (*ebenso*
þiclîce 705) = *mhd.* dicke. **688** frêcne fylgean *nur hier* = siu im aftar
geng, folgode fruokno *H.* 2995. **690** *zu* 544. **696** hellgeþwing *nur hier*
= helligithuing *H.* 945. 1275. 1500. 2081. 2145. 5169. **699** ligenword *nur*

700   tô þâm unrǽde   idese sciéne,
      wîfa wlitegost,   þæt heó on his willan spræc,
      wæs him on helpe   handgeweorc godes
      tô forlǽranne . . . .
      Heó spræc þâ tô Adame   idesa sceonost
705   ful þiclîce,   ôð þâm þegne ongan
      his hige hweorfan,   þæt hê þâm gehâte getrûwode
      þe him þæt wîf... wordum sægde:
      heó dyde hit þeah þurh holdne hyge,   nyste þæt þér hearma
                                                          swâ fela
      fyrenearfeða   fylgean sceolde
710   monna cynne,   þæs heó on môd genam
      þæt heó þæs lâðan bodan   lârum hŷrde,
      ac wênde þæt heó hyldo   heofoncyninges
      worhte mid þâm wordum   þe heó þâm were swelce
      tâcen ôðiéwde   and treówe gehêt,
715   ôð þæt Adame   innan breóstum
      his hyge hwyrfde   and his heorte ongann
      wendan tô hire willan.   Hê æt þâm wîfe onfeng
      helle and hinnsîð,   þeah hit nǽre hâten swâ,
      ac hit ofetes noman   âgan sceolde:
720   hit wæs þeah deáðes swefn   and deófles gespon,
      hell and hinnsîð   and hæleða forlor,

---

702 him *Thorpe*] hire.   703 *Grein ergänzt* on lâðlîcne wrôht.

hier, vgl. zu 496.   **701** *zu* 626.   **720** on helpe wesan *noch Ps.* 98,3 (*sonst*
tô helpe wesan, weorðan *Azar.* 66. *Beow.* 1709. *Run.* 10, *vgl. H.* 1718. 3621)
= nû uuilliu ik thî an helpun uuesan *H.* 2956; an helpun uuas managumu
mankunnie 3750.   **704** *zu* 626.   **705** þiclîce *vgl. zu* 684.   **706** his hige
hweorfan; *die formel nur hier, ähnlich* his hyge hwyrfde 716 (*vgl.* lâteð
hworfan mannes môdgeþonc *B.* 1728; hwider hreðra gehygd hweorfan wille
Wand. 72) = thô uuard eft thes uuîbes hugi... gihuorben an godes uuilleon
H. 282; *ähnlich* thô uuard thera magad after thiu môd gihuorben, hugi aftar
iro herron 2760; thô uuard thar sô managumu manne môd after Kriste gihuorben, hugiskefti 4118; *vgl. auch* thô uuard eft thes mannes hugi giuuen-
did ... that hê im te them uuîba genam... minnea 329.   **708** *zu* 579. 588.
710 on môd niman *nur hier* = that scolda uuell sinnon manno sô huilicon
sô that an is muod ginam *H.* 3962.   **712** zu 474. 505, *speciell vgl.* sô mag
im thes gôdon giuuirkean huldi hebancuninges *H.* 901.   **714** *zu* 540.
715 innan breóstum *nur hier* (*Grein* II, 143) = innan briostun *H.* 606. 3294.
716 *zu* 706.   **717** ac him eal worold wendeð on willan *Beow.* 1738, *vgl.* sculun gî... liudfolc manag uuendean aftar mînon uuilleon *H.* 1368; *ähnlich*

menniscra morð,   þæt hie tô mete dædon
ofet unfæle.   Swâ hit him on innan com,
hrân æt heortan,   hlôh þâ and plegode
725 boda bitre gehugod: sægde bêgra þanc
hearran sînum: 'Nû hæbbe ic þîna hyldo mê
witode geworhte   and þînne willan gelæst:
tô ful monegum dæge   men synt forlædde,
Adam and Eve: him is unhyldo
730 waldendes witod,   nu hie wordcwyde,
his lâre forlêton: forþon hie leng ne magon
healdan heofonrîce,   ac hie tô helle sculon
on þone sweartan sîð,   swâ þû his sorge ne þearft
beran on þînum breóstum   þær þû gebunden ligst,
735 murnan on môde,   þæt hêr men bûn
þone heán heofon,   þeah wit hearmas nû
þreáweorc poliað   and þŷstre land
and þurh þîn micle môd   monig forlêton
on heofonrîce   heáhgetimbro,
740 gôdlîce geardas: Unc wearð god yrre
forþon wit him noldon   on heofonrîce
hnîgan mid heáfdum   hâlgum drihtne
þurh geongordôm: ac unc gegenge ne wæs
þæt wit him on þegnscipe   þeówian wolden.
745 Forþon unc waldend wearð   wrâð on môde,
on hyge hearde   and ûs on helle bedrâf,
on þæt fŷr fylde   folca mæste
and_mid handum his   eft on heofonrîce
rihte rodorstôlas   and þæt rîce forgeaf
750 monna cynne.   Mæg þîn môd wesan
blîðe on breóstum,   forþon hêr synt bûtû gedôn,

---

725 gehugod *mit rasur in* i *corr.*   48 his handum?

4257; *vgl. auch* 1233. 4195 *und* 699. 2159. 2226. **726** *zu* 505. **727** *zu* 244.
734 = thoh hê spâhan hugi bâri an is breostun *H.* 174; si giuuit mikil bâ-
run an iro briostun 690; that hê sô mildiene hugi ni bâri an is breostun
3861; that sia forahtan hugi ni bârin an iro brioston 5952. — *Zur zweiten
vershâlfte vgl.* thâr hê gebunden stôd *H.* 4991. 5431. **735** murnan on môde
Jud. 154. *Ex.* 535. *Andr.* 99; murnende môd *Beow.* 50. *Andr.* 1669. *Râts.* 1, 15
= ne mornônt an iuuuomu môde *H.* 1663; *âhnl.* 4728; môd mornôndi 721.
737 preáweorc *nur hier* = thrâuuerk tholôn *H.* 2604. 3392. **740** *zu* 281,
vgl. speciell uuas thâr gard gôdlîc *H.* 3135. **742** *zu* 237. **743** *zu* 267. —
gegenge *nur hier, im Hel.* gigengi *subst.* 88. 91. **744** *zu* 326. **751** *zu* 656.

ge þæt hæleða bearn   heofonrîce sculon
leóde forlætan   and on þæt lîg tô þê
hâte hweorfan: eác is hearm gode
755 môdsorg gemacod.   Swâ hwæt swâ wit hêr morðres þoliað,
hit is nû Adame   eall forgolden
mid hearran hete   and mid hæleða forlore,
monnum mid morðres cwealme: forþon is mîn môd gehæled
hyge ymb heortan gerûme: ealle synt uncre hearmas
gewrecene
760 lâðes þæt wit lange þoledon.   Nû wille ic eft þâm lîge neár,
Satan ic þær sêcan wille: hê is on þære sweartan helle
hæft mid hringa gespanne.'   Hwearf him eft niðer
boda bitresta: sceolde hê þâ brâdan lîgas
sêcan hella gehliðo,   þær his hearra læg
765 sîmon gesæled. —   Sorgedon bâtwâ
Adam and Eve   and him oft betwuh
gnornword gengdon: godes him ondrêdon
heora herran hete,   heofoncyninges nîð
swîðe onsæton.   Selfe forstôdon . . . .
770 his word onwended.   þæt wîf gnornode,
hôf hreówigmôd,   — hæfde hyldo godes
lâre forlæten —,   þâ heó þæt leóht geseah
ellor scrîðan   þæt hire þurh untreówa
tâcen iéwde   se him þone teónan geræd,
775 þæt hie helle nîð   habban sceoldon
hŷnða unrîm: forþâm him higesorga
burnon on breóstum: Hwîlum tô gebede feollon
sinhîwan somed   and sigedrihten
gôdne grêtton   and god nemdon

---

764 se:can. *Nach* 69 *scheint ein vers ausgefallen zu sein.* 71 hôf]
heóf *Grein.* 74 gerêd? *Grein.*

755 *zu* 438. 758 *f. vgl.* hygesorge hælan *Gen.* 2039. *Guthl.* 1219. — thann
uuas eft gihêlid hugi iungron Cristes *H.* 5892. 759 *zu* 354. 761 *zu* 312.
765 sîma *nur hier* = sîmo *H.* 5166. 5354. 5586. 5659. 771 hreówigmôd *Jud.* 270
= hriuuigmôd *H.* 4446. 4718. — hôf *könnte alts. form sein* (heouandi *H.* 4027;
hiouuandi 5514) *wie* bedrôg 602; *doch vgl.* heófon 3 *pl. Sat.* 344. 774 *zu* 540.
777 tô gebede feallan *nur hier,* on gebed feallan *nur* 847 = gesîdos gode te
bedu fellun *H.* 5980; thea uurekkion fellun te them kinde an kneobeda 671.
779 = huuô sie uualdand sculun gôdan grôtean *H.* 1594; fader alothiado

780 heofones waldend   and hine bǽdon
    þæt hie his hearmsceare   habban môsten,
    georne fulgangan,   þâ hie godes hæfdon
    bodscipe abrocen.   Bare hie gesâwon
    heora lîchaman: næfdon on þâm lande þâ giet
785 sælða gesetena,   ne hie sorga wiht
    weorces wiston,   ac hie wel meahton
    libban on þâm lande,   gif hie wolden lâre godes
    forweard fremman.   þâ hie fela spræcon
    sorhworda somed   sinhîwan twâ.
790 Adam gemǽlde   and tô Evan spræc:
    'Hwæt, þû Eve hæfst   yfele gemearcod
    uncer sylfra sîð.   Gesyhst þû nû þâ sweartan helle
    grǽdige and gîfre?   Nû þû hie grimman meaht
    heonane gehŷran: nis heofonrîce
795 gelîc þâm lîge,   ac þis is landa betst
    þæt wit þurh uncres hearran þanc   habban môston,
    þǽr þû þâm ne hiérde   þe unc þisne hearm geræd,
    þæt wit waldendes   word forbrǽcon
    heofoncyninges.   Nû wit hreówige magon
800 sorgian for his sîðe: forþon hê unc self bebeád
    þæt wit unc wîte   warian sceolden
    hearma mǽstne.   Nû slît mê hunger and þurst
    bitre on breóstum,   þæs wit bêgra ǽr
    wǽron orsorge   on ealle tîd.
805 Hû sculon wit nû libban   oððe on þ̂s lande wesan,
    gif hêr wind cymð   westan oððe eástan,
    sûðan oððe norðan,   gesweorc up færeð:
    cymeð hægles scûr   hefone getenge,
    færeð forst an gemang   — se byð fyrnum ceald —:
810 hwîlum of heofnum   hâte scîneð,

---

781 hie *auf rasur für* s; *darüber* his *nachgetragen.* 97 gerêd? *Grein.*

gôdan grôtte 4747; endi ina an cuninguuîsa gôdan grôttun 673. **780** *zu* 260.
781 *zu* 432. **782** georne fulgangan *nur hier* = gerno fulgangan *H.* 112.
449. 3151. 3906. 4397. **783** bodscipe *vgl. zu* 430. **792** *zu* 312. **801** *zu* 236.
803 bitre on breóstum *nur hier* = thes thram imu an innan môd bittro an
is breostun *H.* 5001 (*vgl.* bitre breóstcare *Seef.* 4; hê sorge beódeð bitter
in breósthord *Seef.* 55 = bittra breostkara *H.* 4038; briosthugi bittran 4611 *C*).
807 *f.* gesweorc *Gen.* 108; *vgl.* suang gisuerc an gimang *H.* 2243. **809** *zu* 316.

blîcð þeós beorhte sunne,   and wit hêr baru standað
unwered wǣdo :   nys unc wuht beforan
tô scûrsceade   ne sceattes wiht
tô mete gemearcod,   ac unc is mihtig god
815 waldend wrâðmôd.   Tô hwon sculon wit weorðan nû?
Nû mê mæg hreówan   þæt ic bæd heofnes god
waldend þone gôdan   þæt hê þê hêr worhte tô mê
of liðum mînum,   nû þû mê forlǣred hæfst
on mînes herran hete,   swâ mê nû hreówan mæg
820 ǣfre tô ealdre   þæt ic þê mînum eágum geseah.'
þâ spræc Eve eft   idesa sciénost,
wîfa wlitegost   — hie wæs geweorc godes,
þeah heó þâ on deófles cræft   bedroren wurde —:
'þû meaht hit mê wîtan,   wine mîn Adam,
825 wordum þînum :   hit þê þeah wyrs ne mæg
on þînum hyge hreówan   þonne hit mê æt heortan dêð.'
Hire þâ Adam   andswarode :
'Gif ic waldendes   willan cûðe,
hwæt ic his tô hearmsceare   habban sceolde,
830 ne gesâwe þû nô sniómor,   þeah mê on sǣ wadan
hête heofones god   heonone nû þâ
on flôd faran :   nǣre hê firnum þæs deóp,
merestreám þæs micel,   þæt his ô mîn môd getweóde,
ac ic tô þâm grunde genge,   gif ic godes meahte
835 willan gewyrcean.   Nis mê on worulde niód
ǣniges þegnscipes,   nû ic mînes þeódnes hafa
hyldo forworhte,   þæt ic hie habban ne mæg.
Ac wit þus baru ne magon   bûtû ætsomne
wesan tô wuhte;   uton gân on þysne weald innan
840 on þisses holtes hleó.'   Hwurfon hie bâtwâ,

---

826 þinu.   28 ic *übergeschrieben.*   35 niód *Grein*] mod.

811 = uurdun imu is uuangun liohte, blîcandi sô thiu berhte sunne *H.* 3125.
815 *zu* 647.   **817** *zu* 612.   **820** = thô sagda hê nualdande thanc . . . thes
hê ina mid is ôgun gisah *H.*476; *vgl.* 3281. 4091. 4130; *im ags. ist gewöhnlicher*
(mid) eágum wlîtan, starian, lôcian, wlâtian, *doch auch* seón *Sat.* 390. 718.
Crist 536. *Andr.* 716. 1226. 1681. *Ps.* 53, 7. 89, 18. *Rdts.* 81, 26, *aber stets
ohne das possessivpronomen, das im deutschen nie fehlt.*   **821** *zu* 626.
826 *zu* 426.   **829** *zu* 432.   **832** *zu* 316.   **833** tweógende môd *Andr.* 772
= ef hê im than lâtid is môd tuêhôn *H.* 1374; that sie im ni lêtin iro môd
tuêhôn 4171.   **836** *zu* 326.   **339** holtes hleó *Phön.* 429, *vgl.* uualdes hleo

tôgengdon gnorngende   on þone grênan weald,
sǽton onsundran,   bidan selfes gesceapu
heofoncyninges,   þâ hie þâ habban ne môston
þe him ǽr forgeaf   ælmihtig god.
845 þâ hie heora lîchoman   leáfum beþeahton,
weredon mid þŷ wealde: wǽda ne hæfdon;
ac hie on gebed feollon   bûtû ætsomne
morgena gehwilce,   bǽdon mihtigne
þæt hie ne forgeâte   god ælmihtig
850 and him gewîsade   waldend se gôda,
hû hie on þâm leóhte forð   libban sceolden.

H. 1124. 2410.   **842** gesceapu bîdan *nur hier* = bêd aftar thiu that uuîf uurdigiscapu *H.* 196. — *Zu der verbindung* gesceapu heofoncyninges, *zu der sich im ags. keine weitern analoga finden, vgl.* godes giscapu *H.* 336. 547. **847** *zu* 777.   **850** *zu* 612.   **851** *zu* 258; *vgl. speciell* thê habda at them uuîha sô filu uuintro endi sumaro gilibd an them liohta *H.* 465.

Berichtigung.

S. 10 ist z. 10 der zweiten columne zu tilgen.

Vergleichungstafel.

Heliand 1 — 1494 = Heyne 1 — 1494/5
       1495 — 1542   1496 — 1543/4
       1543 — 1817   1545 — 1819[a]
       1820 — 1899   1821 — 1900[a]
       1900 — 2393   1900[b]— 2393
       2394 — 4092   2395 — 4093
       4093 — 4094   4094 — 4096
       4095 — 5983   4097 — 5985

Halle, Druck von E. Karras.

CPSIA information can be obtained
at www.ICGtesting.com
Printed in the USA
LVHW101708090720
660248LV00007B/509